आत्म गुंजन

उमाश्री

ISBN

Hardcase 979-8-88629-290-9
Paperback 979-8-88555-933-1

संदेश

मुझे आदेश सुनना पसन्द नहीं है, मुझे उपदेश सुनना भी पसन्द नहीं है, मैं भाषण भी पसन्द नहीं करती ना मुझे बहस बाज़ी पसन्द है।

मुझे पसन्द है शब्दों का हृदय से उगना, हमारे संबन्धों को नेह से सींचना, आँखों से बिन बोले कह जाना, सुनना धड़कनों से धड़कनों को, देर तक चुपचाप बैठे रहना, ताकना आसमान में अपनी चाहत का चेहरा और मुस्कुराना उसकी मुस्कान के साथ..

मुझे पसन्द नहीं है किसी पर तरस खाना। मुझे डर के मारे धर्म ओढ़ना भी नहीं भाता। धर्म के अनेक चेहरों पर स्निग्घता का आभाव मेरे दुख का कारण बन जाता है। मुझे धर्म से प्रेम करना अच्छा लगता है, जो मुझे सारी सृष्टि के कारीगर से प्रेम को उकसाता है।

मैं बच्चों की हंसी, पंछियों की उड़ान, मछलियों की डुबकियों से आनंदित होती हूँ।

मैंनें नहीं चाहा समन्दर से मोती निकालना क्योंकि सीप का सर्वत्र चुराने जैसे लगता है।

मुझे अच्छा नहीं लगता कोई भी आदेश पालन करना।

उमा
07.05.2017

सामग्री

।।श्री गणेशाय नम:।।

हे गणपति गौरीसुत गाऊँ ,
मैं तेरा गुणगान।
दीप्त करो अंतर की ज्योति,
दे दो अक्षर ज्ञान।।
ऋद्धि-सिद्धि संग पाओ आसन,
करो सुशोभित मन सिंहासन,
बुद्धि विवेक जगा दो ऐसा,
हो जग का कल्याण।
हे गणपति.....................
मात शारदा के संग आओ,
धर्म-कर्म में रूचि जगाओ,
आन मान मर्यादा की
दे दो हमको पहचान।
हे गणपति.....................
वीणापाणि शुभ कल्याणी,
ओम गं गणपत्यै सुमिरे वाणी,
भाव-स्वभाव करो अतिनिर्मल,
रहे आत्म सम्मान।
हे गणपति.....................

संत समागम, प्रभु हृदयंगम
करने के अवसर दो अनुपम,
जीवन-मृत्यु, मुक्ति-बंधन
सब कर दो एक समान।
हे गणपति...................

06.02.1993

1. ध्यान के धरातल

ध्यान के धरातल पर ज्ञान का प्रकाश,
अंतर्मन चहक उठा जागा विश्वास।

जीवन के पार, नये जीवन के द्वार,
कालजयी शुरू नई यात्रा अपार।
सृष्टि के रंग, नई दृष्टि के संग,
बिन पंख उड़ता है चेतन विहंग।

हर ओर बिखरे हैं आलौकिक रंग,
कितन अनोखे हैं प्रकृति के ढंग।

न द्वेष, न तृष्णा, न ममता, न चाह,
हर पल में कटती है सदियों की राह।

रेशम सी कोमल बिछी है उजास,
लहरायें तरू जैसे हों अमलतास।

शिव आम् शिव ओम् गाते हैं हम,
ब्रह्माण्ड में फैले जाते हैं हम।

नर्तन अबोला, अबोली मिठास,
चलना हैं साँसों की सत्ता के पास।

साँसों के छोर पर बैठा है तन,
निर्द्वंद आनंद है बिन जतन।

08.02.1999

2. समर्पण

आज समर्पण कर ही डाला,
माना तुमको जीवन धन।
अनुरागी चित को रंग डाला,
तेरी प्रीत में ओ भगवन।

योगासक्त बना, कर डाला
रूपान्तरण ये मानव तन।
कलरव शांति कुंज कर डाला,
तेरी प्रीत में ओ भगवन।
आज समर्पण................

अंतर्द्वंद भस्म कर डाला,
प्रकट हो गया चिन्मयानंद।
तेज ओज कण-कण भर डाला,
तेरी प्रीत में ओ भगवन।
आज समर्पण....................

सत् रज तम को सम कर डाला,
अहंकार कर दिया हवन।
कौतुक क्षण भर में कर डाला,
तेरी प्रीत में ओ भगवन।
आज समर्पण................

मन को नंदन वन कर डाला,
इच्छाओं को लता सुमन।
साँसों को मधुवन कर डाला,
तेरी प्रीत में ओ भगवन।
आज समर्पण.................

चाहत को चंदन कर डाला,
किया देह को चंदन वन।
सत को हृदयंगम कर डाला,
तेरी प्रीत में ओ भगवन।
आज समर्पण.................

अनुचर को सहचर कर डाला,
पुरस्कार है सर्वोत्तम।
उत्तम, अतिउत्तम कर डाला,
तेरी प्रीत में ओ भगवन।
आज समर्पण...............

अभिनव का दर्शन कर डाला,
ऐसा दिया दिव्य अंजन।
लघु जीवन अमृत कर डाला,
तेरी प्रीत में ओ भगवन।
आज समर्पण...............

3. यात्री

मैं अनंत का अक्षुण्ण यात्री
मेरा कहाँ ठिकाना है,
अभी लहर पर, अभी पवन पर,
अभी गगन पर जाना है।
मेरा कहाँ ठिकाना है...............

कण कण मुदित, प्रफुल्लित मन है
रोम रोम से झरे भजन हैं,
भव, भय, भ्रम का भस्म भवन है,
रह ना सका अमृत छलके बिन,
प्रभु का खुला ख़ज़ाना है।
मेरा कहाँ ठिकाना है...................

चित्र लिखी मदहोश पवन है,
कली-कली बिखरा यौवन है,
सहस्त्रार का खिला कमल है,
ऐसा कभी सुना ना देखा,
मौसम बड़ा सुहाना है।
मेरा कहाँ ठिकाना है...............

क्षण-क्षण छूटा छद्म आवरण,
दिव्य ज्योति का हुआ अवतरण,
नूतन निर्मल नम्र आचरण,
मन की गति से कालचक्र की,
गति को आज हराना है।
मेरा कहाँ ठिकाना है.................

गूँज रहीं हर ओर दिशाएं,
आलौकिक अब इच्छाएं,
माया मयी मिटी चिंताएं,
प्रभु मिलन की लगन लगी,
अब दिखता नहीं ज़माना है।
मेरा कहाँ ठिकाना है.................

झूठे रिश्ते बिखर रहे हैं,
संबंधों के शिखर नए हैं,
पग-पग उत्सव नए-नए हैं,
सत्य और शुभ साथ रात-दिन,
अब क्या हमको पाना है?
मेरा कहाँ ठिकाना है..............

4. देह धारण

देह धारण दुःख-दारूण की,
कथा बन जायेगा।
एक कारण जन्म-जन्मों की,
व्यथा बन जायेगा।
गर समर्पण प्रभु शरण में,
अहं ना कर पायेगा।
देह धारण दुःख-दारूण,
की कथा बन जायेगा।

एक दिन दुनिया की दौलत,
छोड़ जाते हैं सभी।
पंचतत्वों की बदौलत,
रूप पाते हैं सभी।
व्यर्थ जीवन होमने का,
दुःख तुझे तड़पायेगा।
देह धारण...................

सत्य पथ से पृथक होकर,
कर्म की गठरी संजोकर।
पंक में खुद को डुबोकर,
आप अपना शत्रु हो कर।

लाख जतनों से ना अपनी,
मृत्यु से बच पायेगा।
देह धारण...................

याद कर बचपन या यौवन,
जा के आऐ हैं कभी?
एक बुढ़ापा है कि मृत्यु,
आये जायेगा तभी।
फिर समझने सोचने का,
वक्त ना मिल पायेगा।
देह धारण...................

इंद्रियों की दासता छोड़ो,
ओ बंधुआ बाँवरे।
देख अपनी मुक्ति का ना,
अब लगा तू दाँव रे
हार कर यह साँस
अगली साँस में पछतायेगा।
देह धारण...................

यह प्रकृति का चक्र चलता,
अपनी ही रफ़्तार से।
कौन है जो बंध के रह पाया,
किसी एक द्वार से।
है नियति यह काल की,
हमको भी संग ले जायेगा।
देह धारण...................

ज्ञान का ना दंभ भर,
ना देह पर अभिमान कर।
रूप, गुण, रस, गंध किसके,
वश में है पहचान कर।
छोड़ निंदिया की ख़ुमारी,
देख रवि ढल जायेगा।
देह धारण......................

कौन अंतर्मन में बैठा,
दे रहा है झिड़कियाँ?
छाये चहुँ दिस श्याम घन,
तू खोल अपनी खिड़कियाँ।
देख नभ से दामिनि का,
रथ उतर कर आयेगा।
देह धारण......................

शगुन अच्छा है कि,
अपने आप पर दृष्टि पड़ी।
सत्य से सतसंग होगा,
एक घड़ी आधी घड़ी।
अब अहं का भरम यह,
निश्चित ही मिटता जायेगा।
देह धारण......................

10.03.1999

5. एक तुम ही

एक तुम ही हो जो तम,
हरते रहे मन प्राण का।
कर रहे हर एक साधन
भक्त के कल्याण का।

सुख मिला तो अहं की
चादर सुनहरी ओढ़ ली।
दु:ख मिला तो स्वयं की
त्रुटियाँ तुम्हीं पर छोड़ दीं
दे रहा हर दोष तुमको,
कह रहा पाषाण का।
एक तुम ही...................

सिद्धियों, नव निद्धियोंकी
कर रहा था कामना।
यम, नियम, आसन में
अटका ध्यान, छूटी धारणा।
मोह के सागर में डूबा
हर एक पल निर्माण का।
एक तुम ही...................

अनवरत मुझ तक बड़ा
आता है निष्ठुर काल अब।
छूटती माया नहीं
तू ही छुड़ा तत्काल अब।
आज मुझको घर दिखा दो
मोक्ष का, निर्वाण का।
एक तुम ही...................

06.05.1999

6. मैं तुम्हारी..........

मैं तुम्हारी चरण रज,
मस्तक पे धारण कर सकूँ।
दीजिए अधिकार अब,
ख़ुदको तुम्हारा कह सकूँ।
मै तुम्हारी चरण रज..............

अब नहीं चिंता हमें,
अपने नफा-नुकसान की।
हो उठे दैदीप्त जब से,
राह पकड़ी ध्यान की,
मैं तुम्हारे संग फेरे,
जन्म-जन्मों कर सकूं।
मैं तुम्हारी चरण रज................

अब तुम्हीं से रच स्वयंवर,
बाँध लूँ चुनरी से अम्बर।
हृदय घट करूणा से भरकर,
नेह का लेकर समन्दर।
मैं तुम्हारे संग जग की,
पीर थोड़ी हर सकूँ।
मैं तुम्हारी चरण रज................

अब तुम्हारे हाथ में हैं हाथ,
ले जाओ कहीं भी।
चंचला चितवृत्तियों को,
आज हर लो और अभी ही।
मैं सुस्थिर प्राण-मन से,
संकल्प शुभ कर सकूँ।
मैं तुम्हारी चरण रज.................

वेदोविहित विज्ञान हो,
अणु-अणु का सब को ज्ञान हो।
सच जानने, शुभ चाहने का,
विश्व को वरदान हो।
प्रार्थना हर आत्मा की,
ओर से यह कर सकूँ।
मैं तुम्हारी चरण रज..............

मौन रहकर कमल खिलते,
शोर करते भ्रमर मिलते।
श्याम के शुभ आगमन पर,
प्राण मिलने को मचलते।
मैं तुम्हारे दर्श को,
स्पर्श थोड़ा कर सकूं।
मैं तुम्हारी चरण रज...................

7. नारी

तू नाम नहीं है नारी है,
स्वचिंतन की अधिकारी है।
माना कि गिनती में कम है,
संकल्पों में फिर भी दम है।
जल जाये तो है दावानल,
स्नेह में शीतल वारि है।
तू नाम नहीं है नारी है........

माना कि सृष्टि का निर्णय,
उस परम पुरूष का ही होगा।
लेकिन साकार बनाने को,
नारी का हाथ गहा होगा।
यह साथ चले तो सृष्टि चले,
ममता में इसकी देव पले।
प्रेमिल हो तो नव पुष्प खिले,
क्रोधित हो तो संहारी है।
तू नाम नहीं है नारी है........

मन की कोमल तन की मोहक,
सकल जगत की सम्मोहक।
प्रेम क्षमा के कल्प वृक्ष,
तुझसे नर दानव देव यक्ष।
वो राम पले कौशल्या से,
कृष्णा भी मात यशोदा से।
नारी जागे तो नयी सुबह,
न जागे ता तम भारी है।
तू नाम नहीं है नारी है.........

सुख देने में है शांति कुंज,
शास्वत ऊर्जा की शक्ति पुंज।
नैना न तुझे बनाये कोई,
तंदूर न अब सुलगाये कोई।
देकर ताना दहेज का भी,
जलने को न उकसाये कोई।
नारी दे शक्ति नारी को,
यह तेरी जिम्मेदारी है।
तू नाम नहीं है नारी है............

8. मानव बम

मानव है या मानव बम है,
समझ न आता चेहरा।
दहलाकर सहमाकर जाता,
आतंकित करता चेहरा।
मानव है या मानव.............

चिथड़े- चिथड़े ख़ुदके करता,
कई निहत्थों को ले मरता।
सिहरन भर जाता सीने में,
बारूद उड़ाता चेहरा।
मानव है या मानव.................

हक्का- बक्का मैं भौंचक्का,
यही सिखाते मस्जिद- मक्का?
मुल्ला- मौलाना के पीछे,
नज़र न आता चेहरा।
मानव है या मानव.................

आखिर क्या सिद्धांत हैं इनके,
मानवता अक्रान्त है इनसे।
युद्ध घृणा आक्रोश भरा है,
निश्च्छल निर्मल चेहरा।
मानव है या मानव...............

राहें अंधी मंज़िल अंधी,
प्रेम शांति सुख इनके बन्दी।
रहता था हर समय गुलाबी,
खूनी क्यों है चेहरा।
मानव है या मानव...............

संसद क्या अमेरिका में,
लादेन उमर हर सीमा में।
कंधार कच्छ कश्मीर घाटी,
में निर्दय निर्मम चेहरा।
मानव है या मानव.....................

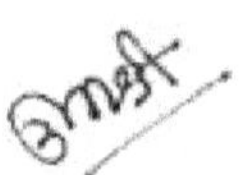

9. विदाई गीत

तुम तो हँस कर कह देती हो,
हम पर गीत रचे कोई।
स्वर्ण प्रभा के सम्मुख कैसे,
नन्हा दीप धरे कोई।

तीर्थराज भी जब पुष्कर बनकर,
इस धरती पर आते हैं।
कर भागीरथ जतन ऋषि,
गंगा धरती पर लाते हैं।
नियति की अदभुद लीला,
को कैसे समझ सके कोई।
स्वर्ण प्रभा के सम्मुख............

जिस पथ चल दे किरण तुम्हारी,
जीवन मुखरित हो जाये।
घोर अमा की रात सिमटकर,
नभ के पीछे सो जाये।
तेरे माथे हल्दी कुमकुम,
रोली तिलक करे कोई।
स्वर्ण प्रभा के सम्मुख...........

तुम से मिलकर लौकिक क्या,
आलौकिक क्या सब जान गये।
रूप, स्वभाव, शब्द, रस भीने,
श्री, शुभ हो पहचान गये।
तुम संग बीते कुछ पल का,
कैसे गुण गान करे कोई।
स्वर्ण प्रभा के सम्मुख.........

विस्मित हूँ इतनी जल्दी,
तुम आँख ओट हो जाओगे।
हर दिन सुख, दुख की बेला में,
सच याद बहुत तुम आओगे।
नित गतिशील समय के रथ,
को कैसे रोक सके कोई।
स्वर्ण प्रभा के सम्मुख............

उषारानी सुबह सुहानी,
मलय पवन सी लहराना।
दिन दिन दमके सूर्य भाग्य का,
जहाँ जहाँ भी तुम जाना।
ओस बिंदू छलके पलकों पर,
कैसे धीरे धरे कोई।
स्वर्ण प्रभा के सम्मुख.............

17.02.2004

10. चेतना

रंग, जाति, धर्म, धरती,
में फंसी है चेतना।
काश हो आकाश सा मन,
चाहती है चेतना।
रंग का ना भेद हो,
जाति बने सद्भाव की।
धर्म हो अपनत्व का,
धरती मिले विश्वास की।
सूर्य सी हरदम दमकना,
चाहती है चेतना।
काश हो आकाश.................

लोभ, लालच, देह, दौलत,
में फंसी है चेतना।
काश हो निर्दोष यह मन,
चाहती है चेतना।
लोभ हो अमरत्व का,
लालच सदा शुभ कर्म का,
देह संयम में रहे,

हो ज्ञान की दौलत सदा।
मेघ सी रिमझिम बरसना,
चाहती है चेतना।,
काश हो आकाश...............

गर्व, गौरव, जीत, उत्सव में,
फंसी है चेतना।
तोड़ सारे बंध,
मुक्ति चाहती है चेतना।
गर्व हो निज जन्म का।
गौरव सदा सत्कर्म का।
जीत लें निज अहम् को,
और क्रोध दुश्मन हो सदा।
शांतिमय नव क्रांति लाना,
चाहती है चेतना।
काश हो आकाश सा मन,
चाहती है चेतना।

11. दिशा

हम नये अर्थ देंगे धर्म को,
तराशेंगे फिर एक जग नया।

फिर से प्राण फूकेंगे धर्म में,
तलाशेंगे इस युग का ईश्वर नया।
बहुत बातें कर चुके विश्व बन्धुत्व की,
पड़ोसी को भी मित्र नहीं बना पाये अब तक।
विश्व शांति का लगाते रहे नारा,
पर घर में भी शांति से नहीं रहते हैं हम सब।
ज्वालामुखी लेकर विध्वंश की मुख में,
फिर सुख के सागर में रहने की सोचें।
युधिष्ठिर बने हैं अब तो अधर्म के,
बौद्ध हैं या बुद्धू ज़रा रुक के सोचें।
संजीवनी देकर अपनत्व की,
बनायेंगे अपनों को फिर मित्र नया।
हम नये अर्थ देंगे.....................

यात्रा तो है यह भविष्य की ओर,
चाहकर भी फिर से शुरू कर सकते नहीं।
प्रकृति के नियमों के हाथों में हैं हम,
मृत्यु से भी अपनी बच सकते नहीं।
देखें निज स्वार्थों को एक नई दृष्टि से,
शुरू करें मिलकर सब यज्ञ नया।
होम दें अनर्थमय विचारों का,
जीवन अब धर्ममय जियें नया।
तो उतारें अब नये वेद निज वाणी में,
भगवत सत् गीता बनाएं नया।
विस्तीर्ण करने नई सृष्टि को,
कदम नन्हा अब तो बढ़ाये नया।
हम नये अर्थ देंगे.........................

12. आकाश

अनुभव का आकाश मिला है,
एक अदम्य विश्वास मिला है,
जब से तुम जीवन में आये,
दृष्टि को कुछ खास मिला है।

अंधियारा अंतर्मन में था,
इसका अब एहसास मिला है।
तुम्हें बसाया जब से भीतर,
चारों ओर प्रकाश मिला है।

दिन मेरे कुछ धुंधले- धुंधले,
रातें उजली- उजली हैं।
उगते सूरज का सा हर पल,
मुझको दिन और रात मिला है।

सुख में याद रखूँ तुमको,
इस कारण दु:ख हर बार मिला है।
सुख- दु:ख के संबधों का,
एक नया एहसास मिला है।

शक्ति तुम्हारी, मुक्ति हमारी,
योग तुम्हारा, युक्ति तुम्हारी।
बस तुझमें आशक्ति हमारी,
पुलकित तन में वास मिला है।

13. जन्म-जन्म से

ऐसा कोई कहाँ मिला है,
जैसे हमको आप मिले।
जन्म-जन्म से संचित होकर,
रूप ले, पुण्य प्रताप मिले।

जब से हमने तुमको देखा,
सपनों पर विश्वास हुआ।
जिन रस्तों पर साथ चले हम,
कदमों ने आकाश छुआ।
इसीलिए तो प्रिय हम तुमसे,
तोड़ के हर एक कगार मिले।
जन्म- जन्म से संचित...........

तेरे संग जीने का अनुभव
मैने जो कर पाया है।
निश्छल, निर्मल नेह सुधा से,
आनंद अमर बनाया है।
इसीलिये तो प्रिय हम तुमसे,
रूठ के बारंबार मिले।
जन्म- जन्म से संचित.............

पत्थर जैसे दृढ़ हो तुम तो,
पर्वत जैसे अडिग, अभय हो।
मेरे लिए पारस हो प्रियतम,

प्रेमिल करते सदा हृदय हो।
इसीलिए तेरी बाहों का,
मुझको दृढ़ आधार मिले।
जन्म- जन्म से संचित.................

सात भाँवरें, सात वचन,
ध्रुव तारे के आगे कस्में।
प्यार बिना सूनी है साजन,
जीवन की सारी रस्में।
इसीलिये हर नादानी पर,
क्षमा मुझे हर बार मिले।
जन्म- जन्म से संचित.............

इस जीवन में इन्द्रधनुष के,
कई रंग भरते- भरते।
तेरे रंग में रंग गई मैं तो,
पिया- पिया करते- करते।
इसीलिये बिंदिया, बिछिया का,
आशीष और उपहार मिले।
जन्म-जन्म से संचित..............

एक यही अभिलाषा नारी,
नर की ना कमज़ोरी हो।
प्रिया रहे, वह शक्ति बने,
जब- जब संघर्ष जरूरी हो।
इसीलिये शिव प्रिया उमा को,
तपबल तेज अपार मिले।
जन्म-जन्म से संचित...........

14. तुम पर गीत लिखा है

मैंने तुम पर गीत लिखा है,
तुमको अपना मीत लिखा है।
काया के बल, माया को छल,
चंचल मन को जीत लिखा है।
मैंने तुम पर गीत लिखा है..........

शक्ति न भक्ति ना आशक्ति,
कैसी मुक्ति, कैसी विरक्ति?
जानूँ ना इनको, चाहूँ ना इनको,
सब भावों से रीत लिखा है।
मैंने तुम पर गीत लिखा है......

ज्ञान ध्यान नहीं, कर्म काण्ड नहीं,
मैं कोई पंडित प्रकांड नहीं।
वेद-पुराण, देव-दनुजों की,
भाषा के विपरीत लिखा है।
मैंने तुम पर गीत लिखा है........

अखिल ब्रहम के काल खंड में,
चेतन सृष्टि के आँचल में।
तेरी सत्ता के कण- कण में,
मैंने सुर संगीत लिखा है।
मैंने तुमको गीत लिखा है............

तेरी मेरी प्रीत अमर है,
मैं तो हूँ तेरे होने से।
मैंने हर अक्षर- अक्षर में,
तुमको प्रेम प्रदीप लिखा है।
मैंने तुम पर गीत लिखा है..........

15. याद आ रहा है।

याद आ रहा है आँचल,
कांटों में डाल देना।
मुश्किल बहुत है ख़ुद को,
औरों में ढाल देना।

हर सांझ हर सकारे,
ढूँढा किये किनारे।
लड़खड़ाये जब कदम तो,
सम्हले बिना सहारे।
याद आ गया है वो ग़म,
दिल में सम्हाल लेना।
मुश्किल बहुत है.........

भटकन जनम-जनम की,
आदत बनी है तन की।
पूंजी धरम-करम की,
यह पोटली भरम की।
याद आ गया है सब कुछ,
झोली में डाल लेना।
मुश्किल बहुत है.........

अब आखिरी है उम्र की,
सौगात यह भी जर-जर।
सजने लगी है डोली,
मैं आ रही तेरे घर।
अपना बना के रखना,
अबके दुलार लेना।
मुश्किल बहुत है...........

16. मैं सोचूँ

मैं सोचूँ जब तुमको चाहूँ,
मेरी कोई मजबूरी न हो।
दुनिया के रस्म ओ रिवाज से,
डरना बहुत जरूरी न हो।
मैं सोचूँ जब.................

अजर, अमर, अविनाशी,
तेरी चाहत मुझे लुभाती है।
आलौकिक आनंद की महिमा,
मुझको भी ललचाती है।
सकुचाऊँ फिर तुम्हें समर्पण,
करने लायक पूंजी न हो।
मैं सोचूँ जब.................

संदेश तुम्हारा मेरी आत्मा,
में कंपन भर जाता है।
दृढ़ संकल्प करूँ कैसे,
कुछ मन मेरा थर्राता है।
साथ तुम्हारे निकल चलूँ तो,
थमना कहीं जरूरी न हो।
मैं सोचूँ जब.................

जग बंधन को तोड़ भी डालूँ,
दिव्य वरण की अभिलाषा में,
तुमको पाकर फिर से आगे,
मुक्ति बहुत जरूरी ना हो।
मैं सोचूँ जब............

व्यर्थ समय के पहले मुझको,
छुओ ना अपनी दृष्टि से।
ब्रह्मा से आज्ञा ले लो,
या सहमति ले लो सृष्टि से।
हाथ तुम्हारा पकड़ चलूँ तो,
मुड़ना कहीं जरूरी न हो।
मैं सोचूँ जब.....................

तुम मुझको अपनाओ तो,
इतिहास अमर बन जाएगा।
मैं तुमको अपना कह दूं,
जग करूक्षेत्र बन जायेगा।
तो प्रिया कहाऊँ मैं तेरी,
और कोई जतन जरूरी न हो
मैं सोचूँ जब............

17. फूल झरता है

जन्म मृत्यु का,
अनुपम ये अनुबंध है।
फूल झरता है,
मरती नहीं गंध है।

मृत्यु में भी है,
जीवन के अंकुर नये।
ध्यान में पर्त के
पर्त खुलते गये।
रश्मियां रोशनी की,
बिखरने लगी।
सुख सौभाग्य के,
जागे अवसर नये।
हर कली में नई,
ज़िंदगी बंद है।
जन्म मृत्यु का अनुपम..........

कैसा पल था कि,

अभिनव दरस मिल गये।

शब्द अनुभव को छूने,

भ्रमर बन गये।

गीत पर गीत होठों

से झरने लगे।

प्रीत में प्रभुकी पड़कर,

अमर बन गये।

छक गये आज,

कितना मकरंद है।

जन्म मृत्यु का अनुपम..............

रामफल कुछ मधुर,

तिक्त तीखे सही।

हम भी सच से मुकर,

जाना सीखे नहीं।

प्यास मिटती ना थी,

कितने सावन गये।

स्वाति घन ऐसे,

बरसे के रीते नहीं।

सत्य का संग है,

शुभ से अनुबंध है।

जन्म मृत्यु का अनुपम...........

18. साकार

इस हृदय की शून्यता में,
मूर्ति एक साकार कर दो।
निस्सीम अपनी सर्जना में,
थोड़ा सा विस्तार कर दो।

मन लगा संकल्प करने,
ले सदाशयता के झरने।
चल पड़ूं तेरी डगर पर,
विकल जन की पीर हरने।
पर दुःख में बह चले,
इस आँख में वो धार भर दो।
निस्सीम अपनी...........

प्रेम से हो पल्लवित,
पौधा बढ़े सत् ज्ञान का।
पुष्प भक्ति का खिले,
फल हो अमर तेरे ध्यान का।
तुम दीन बन्धू हो तो मुझमें,
पीड़ितों से प्यार भर दो।
निस्सीम अपनी.............

हो चहकता साँस का स्वर,
महकती मिट्टी हो नश्वर।
प्राण का पंछी उड़े तो,
फिर ना देखे पीछे मुड़कर।
श्याम घन बरसो तो,
चातक चित्त का उद्धार कर दो।
निस्सीम अपनी.................

19. चाँद खिले है

जब भी मेरे कदम उठे हैं तम निवारने,
घोर अमा की अंधियारी में चाँद खिले हैं।
लेकिन कैसे शगुन मान लूँ?
जबकि मन का अंधियारा न अभी मिटा है।

जब भी मेरे कदम उठे हैं सिंधु मापने,
लहरों ने भी किया सदा उठ-उठ अभिनंदन।
लेकिन कैसे शगुन मान लूँ?
जबकि गहरे खो जाने का डर रहता है।

जब भी मेरे कदम उठे हैं जिन राहों में,
शीतल जल से भरे कलश तो सदा मिले हैं।
लेकिन कैसे सगुन मान लूँ?
जब स्वागत में रूकी नहीं कोई पनिहारन।

जब भी मेरे कदम उठे आकाश लांघने,
नीलगगन नत् मस्तक होकर सदा झुका है।
लेकिन कैसे शगुन मान लूँ?
जब मेरा ही अहंकार पल- पल बढ़ता है।

20. शुक पंख

निर्मल कोमल शुक पंखों पर,
किसने ये विपदा भारी दी।
मेरे भोले शावक मन पर,
खूंखारी पहरेदारी दी।

चोरों के सर राज मुकुट धर,
मिलता है सम्मान यहाँ।
अन्यायी से पंगा लो तब,
होता है अपमान यहाँ।
सेवा नहीं स्वार्थ का गन्ना,
चूस रहा है आदमी।
है अक्षम्य अपराध कि,
सच्चाई से हो पहचान यहाँ।
इन निष्ठुर बेदर्द जनों को,
किसने ऐसी होशियारी दी।
मेरे भोले शावक..........

फटे हाल बेहाल भटकता,
दर- दर पर ईमान यहाँ।
नैतिक मूल्यों का शव लेकर,
बेच रहा इंसान यहाँ।
भ्रष्ट आचरण के शिखरों पर,
चढ़ता जाता आदमी।
जो जितना ठग उतना ज्यादा,
मार रहा मैदान यहाँ।
मुख में राम अराजक काम,
किसने ये दुनियादारी दी।
मेरे भोले शावक.............

बहुत कठिन है आँख में लज्जा,
दिल में रखना प्यार यहाँ।
नौ दो ग्यारह हो जाते हैं,
अपने करके वार यहाँ।
दुष्ट, साधना शून्य, विकर्षित,
होता जाता आदमी।
कर ना सकेंगे ऐसे जन का,
ईश्वर भी उद्धार यहाँ।
वेद- पुराणों की धरती पर,
किसने उनको गद्दारी दी।
मेरे भोले शावक...........

21. बचपन

हल्का- फुल्का सा मन,
हल्की फुल्की सी बातें
हल्के- फुल्के दिन,
हल्की- फुल्की सी रातें

पैरों के अँगूठे पर वह,
फुदक- फुदक कर चलना
मम्मी के आँचल में,
छुप जाना और निकलना

पनघट की मुंडेरों से,
कंकड जल में छपकाना
हर एक लहर को फिर,
गिनना और गिनते जाना

क्या याद करू बचपन,
अ से अनार पढ़ जाना
रंगीन किताबों के सब,
चित्र काट चिपकाना

दादी की आँखों को,
नन्हे हाथों से दबाना
मैं कौन हूँ बूझो तो,
उत्तर सुनकर हँस जाना

दादा के कंधों पर,
हर रोज़ सैर को जाना
झबरीली मूछों पर,
हौले से हाथ फिराना

जीवन के बारे में,
बस एक इच्छा बतलाना
कब खूब बड़ी हो जाऊँ,
घूमूंगी सारा ज़माना

जब छूट गया शैशव,
और सिमट चला कलरव
यौवन की देहरी पर,
यह सत्य हुआ उद्भव

गम्भीर बनो और देखो,
कष्टों का आना जाना
मिटटी की माया है,
इस देह में न फंस जाना

चितवन की चंचलता,
कब सीख गई शरमाना
जो भला लगे दिल को,
उससे ही आँख चुराना

जब बुद्धि जगी भारी,
सीखी यह होशियारी
कुछ कहना कुछ करना,
आयी दुनियादारी

बस इसी झमेले में,
कभी बैठ अकेले में
गंभीर करूं चिंतन,
सुलझाऊं यह उलझन

क्या सच होता निर्मम,
क्यों सहज न रहते हम
कुछ अंदर कुछ बाहर,
ओढ़ी झूठी चादर

गर निश्छल निर्मल हों,
आँखें क्यों छलछल हों
अब भारी- भारी मन,
मन- मन के रखे पत्थर

इस बोझ से चटका है,
मंज़िल से भटका है
उपकार करो प्रियवर,
उद्धार करो गिरधर

निर्द्वंद रहे चेतन,
जाग्रत हो अवचेतन
संपूर्ण समाधि हो,
कोई आधि न व्याधि हो

चर- अचर अगोचर से,
बन्धन हो शादी हो
एकान्त न हो कोलाहल,
सब शांत हो सब निर्मल

भव द्वेष क्लेष छूटे,
हर भाव बने उज्जवल
फिर से हो जाये मेरा,
यह सब कुछ तेरा

तुझसे जो ज्ञान मिले,
हो जाये नया सवेरा
चाहूँ अब तो हर पल,
फिर हल्का- फुल्का मन

22. आँसू की सौगात

लेकर आई हूँ चरणों में,
आँसू की सौगात।
सुनते हो तो तुम्हें बताऊं,
अपने दिल की बात।
आशा कर दो पूरी,
मिटा दो अब ये दूरी।

रिश्ते नाते में तुम कोई,
भले न मेरे लगते हो।
नेह के कच्चे धागे में,
लाई हूँ, बोलो बंधते हो?
परिचय की एक गांठ लगालो,
करो मुझे स्वीकार।
आँचल में भरने आई हूँ,
प्रभु तुम्हारा प्यार।
आशा कर दो पूरी............

देने को क्या पास है मेरे,
एक अहम्, वो भी झूठा।
जीवन झंझा से निकालकर,
लाई दिल टूटा फूटा।
लेना है तो ले लो भगवन,
मेरी एक- एक साँस।
लेकिन मेरे सर पर रख दो,

प्रेमिल अपना हाथ।
आशा कर दो पूरी................

सुनते आये है भगवन तो,
भाव के भूखे होते हैं।
छोड़ के छप्पन भोग,
विदुर घर उनके भोजन होते हैं।
करते हो तो कर दो मोहन,
आज मेरा उद्धार।
बीच भंवर में डूब रही,
अब नैया कर दो पार।
आशा कर दो पूरी.............

अपने प्यारों को तो सब ही,
अपने गले लगाते हैं।
दीन दुखी को अपनाये,
वे ही महान कहलाते हैं।
हरना है तो हर लो भगवन,
मेरे द्वेष विचार।
देख तेरे भक्तों पर न हँस ले,
ये तेरा संसार।
आशा कर दो पूरी.............

पहले तो मन मोहन मन को,
अपनी ओर लुभाते हो।
आज सभी कुछ सौंप रही तो,
लेते क्यों सकुचाते हो?
तेरा तुझको अर्पण है,

बस एक करो उपकार।
मैं, मेरा भी रह न जाए,
कर लो एकाकार।
आशा कर दो पूरी.........

तुम तो शरणागत वत्सल हो,
क्यों मुझको ठुकराते हो।
मामेकम् शरणम् ब्रज कहकर,
दूर कहाँ अब जाते हो।
तोड़ दे माया का बंधन,
आ तू ही मुझे सम्हाल।
जग के काराग्रह से प्रभु जी,
लीजिए मुझे निकाल।
आशा कर दो पूरी..........

लेता- देता करता धरता,
तुम हो जग के पालन कर्ता।
कर्म प्रपंच जन्म और मृत्यु,
दारून भव भय के दुःख हर्ता।
देना है तो दे दो भगवन,
आज यही वरदान।
कभी कहीं भी निकले,
तेरे ध्यान में निकले प्राण।
आशा कर दो पूरी............

25.02.2002

23. टुकड़ा-टुकड़ा

टुकड़ा- टुकड़ा वक्त ज़िंदगी,
कभी नरम कभी सख्त ज़िंदगी।
थिगड़ा- थिगड़ा सिला रात दिन,
फिर दरकी कमबख्त ज़िंदगी।
टुकड़ा- टुकड़ा..........

दुख में पत्थर सी पथराती,
सुख में सरिता सी लहराती।
दिल में भरकर मीठा सागर,
रिश्तों में घुल- घुल सी जाती।
मन पंछी का नीड़ बने ना,
उजड़ा एक दरख्त ज़िंदगी।
टुकड़ा- टुकड़ा..........

घर बाहर झूठी मुस्कानें,
कैसे हम सच को पहचानें।
आते- जाते हर चेहरे पर,
दर्द मिला है छतरी ताने।
कर देती मिट्टी के नीचे,
सभी ताज और तख्त ज़िंदगी।
टुकड़ा- टुकड़ा..........

इसके भेद कहाँ खुलते है,
सपने एक भाव तुलते है।
तंत्र मंत्र और धर्म ग्रंथ में,
ईश्वर बोली में बुलते है।
हाथ मौत का थाम अचानक,
चल देती बेवक्त ज़िंदगी। टुकड़ा- टुकड़ा.............

24. मीत ने पुकारा

प्रभु प्रीत ने पुकारा,
रूकना किसे गंवारा।
जब मीत ने पुकारा,
रूकना किसे गंवारा।
प्रकाश की गति से आकाश,
चीरने का है हौसला हमारा।
प्रभु प्रीत ने पुकारा.............

हर बुलंदियों के आगे,
भी सीढियां लगाना।
मकसद है एक अपना,
आगे ही बढ़ते जाना।
अब इंतज़ार किसका?
आराम कैसा पलभर?
मिलने को भी नहीं है,
यह वक्त फिर दुबारा।
प्रभु प्रीत ने पुकारा..........

सीमा में सब्र की एक,
विस्फोट हो रहा है।
मेरा वजूद केवल एक,
जलता हुआ मकां है।

इस चेतना का अनुपम,
विस्तार हो रहा है।
मिटने लगा है भेद,
क्या मेरा है क्या तुम्हारा।
प्रभु प्रीत ने पुकारा...........

द्रुत दामिनी दबाकर,
रख ली हृदय के अंदर।
आँसू की बूंद- बूंद में,
हैं सैकड़ों समन्दर।
पत्थर ये वर्जनाओं के,
रोकेंगे हमको कैसे।
निस्सीम से मिलन है,
सस्सीम का दोबारा।
प्रभु प्रीत ने पुकारा.........

जिस हौसले की बात है,
उसका भी राज सुनिये।
परिपक्व होती प्रज्ञा से,
पुण्य- पाप चुनिये।
फिर सौंपना जिसे सब,
उसके ही हाथ रख दें।
जिसने किया है जीवन
का फैसला हमारा।
प्रभु प्रीत ने पुकारा...........

25. जान लो ख़ुद ही

जान लो ख़ुद ही प्रभु क्या,
व्यक्त करना चाहती हूँ।
शब्द सीमा से परे
सम्पर्क करना चाहती हूँ।

योग बल, तप बल न मुझमें,
देह बल भी क्षीण है।
हूँ अवस परवस औ मेरा,
प्रयत्न भी संकीर्ण है।
हूँ अति निर्बल मगर,
तुम तक पहुंचना चाहती हूँ।
जान लो............

किस भांति बतलाऊँ मेरे,
तुम हो, तुम्हीं हो, एक तुम।
आकर मुझे अपना कहो,
और तोड़ दो दुनिया का भ्रम।
मैं किसी भी हाल में,
तेरे संग विचरना चाहती हूँ।
जान लो...............

मैं तुम्हारी हूँ सदा से,
तुम मुझे भूलो तो भूलो।
होश जब से है तभी से,
तुम मेरी आँखों में झूलो।
एक तरफा ही सही,
अब मैं समर्पण चाहती हूँ। जान लो............

26. थोड़ा हँस भी लिये

एक जीवन में जीवन कई जी लिये,
दिव्य उल्लास के घूंट भी पी लिये।
दिल ही दिल में समेटे हुए राज़ ए दिल,
थोड़ा हँस भी लिए खूब रो भी लिये।

भावनाओं को भरपूर आदर दिया,
जैसा भीतर लगा वैसा बाहर किया।
उम्र के हर यथार्थों को अपना लिया,
कल्पनाओं को संकल्प का बल दिया।
अपने हिस्से के सुख बीज बो भी लिये,
थोड़ा हँस भी लिए खूब रो भी लिये।

मंज़िलों से भी आगे बढ़ाये कदम,
दूर तक सर उठाए चले आए हम।
अवसरों की कमी तो नहीं थी कभी,
ख़ुद को बेचा ना कीमत लगा पाए हम।
इसलिए सुख की कुछ नींद सो भी लिए,
थोड़ा हँस भी लिए खूब रो भी लिये।

27. योग युक्त ज़िंदगी

शुष्क-शुष्क सी ज़िंदगी,
खुस्क-खुस्क है ज़िंदगी।
ऐसा कुछ हो जाए भगवन,
मुस्क-मुस्क हो ज़िंदगी।

भोग लिप्त तेरी ज़िंदगी,
दीन हीन तेरी ज़िंदगी।
मीन नीर बिन ज़िंदगी,
रोग युक्त तेरी ज़िंदगी।
योग से कर संयोग तो होगी,
मुक्त- मुक्त तेरी ज़िंदगी।

अस्त व्यस्त तेरी ज़िंदगी,
रिक्त- रिक्त तेरी ज़िंदगी।
लुप्त- लुप्त तेरी ज़िंदगी,
सुस्त- सुस्त तेरी ज़िंदगी,
योग से कर संयोग तो होगी,
चुस्त- चुस्त तेरी ज़िंदगी।

क्यों अशक्त तेरी ज़िंदगी,
दु:ख अव्यक्त तेरी ज़िंदगी।
पीर- पीर तेरी ज़िंदगी,
कितनी गम्भीर तेरी ज़िंदगी।
योग से कर संयोग तो होगी,
मस्त- मस्त तेरी ज़िंदगी।

जब ध्यान युक्त हुई ज़िंदगी,
कल्याण युक्त है ज़िंदगी।
प्राणों में अमृत सा छलका,
फिर सशक्त है ज़िंदगी।
अब दुरूस्त है ज़िंदगी,
फिर बसन्त है ज़िंदगी।

मंत्र मुग्ध है ज़िंदगी,
चुस्त-चुस्त है ज़िंदगी।
मस्त-मस्त है ज़िंदगी,
मुक्त-मुक्त है ज़िंदगी

28. अन्तर्मुखी वेदना

अन्तर्मुखी कर वेदना,
कर चहुमुखी संवेदना।
बहुमुखी रख कल्पना,
सूरजमुखी प्रभु कर चेतना।

जाना हमें भी है वहीं,
जिस देश जाते हैं सभी।
देखा है जो भी जोड़ते,
न संग ले जाते कभी।
जब सब पड़ेगा छोड़ना,
तो व्यर्थ है कुछ जोड़ना।
अन्तर्मुखी कर वेदना.........

यहाँ सुख हज़ारों रंग के,
दु:ख भी है लाखों ढंग के।
हो रहे हैं गुम अचानक,
कल थे साथी संग के।
जब मृत्यु से है सामना,
बेकार होगा भागना।
अन्तर्मुखी कर वेदना........

शीतल हैं किरणें चाँद की,
भीगी हैं पलकें प्रात: की।
मुझे याद आता है वही,
जो हमने तुमने बात की।
मुश्किल है आंसू रोकना,
तुमसे मिलन की सोचना।
अन्तर्मुखी कर वेदना.........

माया है छाया ब्रह्म की,
काया है माया की सखी।
निर्दोष है हर आत्मा,
लीला है सब परब्रह्म की।
भ्रम की चदरिया छोड़ ना,
प्रभु से ही नाता जोड़ना
अन्तर्मुखी कर वेदना.............

29. सत्य में निष्ठा

सत्य में निष्ठा हमारी,
कर्म से अनुराग है।
जो मिले, मिल जाये,
मानूँ यह मेरा सौभाग्य है।

रेत के कच्चे घरौंदे,
हम बनाते ही नहीं हैं।
फूल सरसों के हथेली
पर उगाते भी नहीं हैं।
चेतना का ही चहूँ दिश,
हो रहा विस्तार है।
जो मिले मिल जाये........

अधिकार की कर्तव्य की,
सुख शांति की पहचान हमको।
विष भरे दुष्टों को दलने का,
मिला वरदान हमको।
आत्मबल, मन में लगन,
और ईश में विश्वास है।
जो मिले मिल जाये...........

सुर उठें प्रतिरोध के,
समझूं वो जागे तो सही।
जी उठे फुंकार कर,
अजगर जो आधे थे अभी।
चल पड़ेंगे राह सत् की,
यह भी मुझे विश्वास है।
जो मिले मिल जाये..........

सैन्यबल की भीड़ हरदम,
कौरवों के संग चली है।
एक मुट्ठी पंच पांडव,
संग प्रभु कृपा भली है।
हार हो या जीत,
अब यह सोचना दुर्भाग्य है।
जो मिले मिल जाये..........

सत्य में निष्ठा हमारी,
कर्म से अनुराग है।
जो मिले मिल जाये,
मानूँ यह मेरा सौभाग्य है।

30. योग अनुराग

योगानुराग वाली,
वृत्ति पुन: जगी है।
स्वर्णिम किरण भ्रमण के,
पथ खोजने लगी है।

जब तक थी मन में चिन्ता,
सुख शांति की अभीप्सा।
उलझी थी चक्रवात में,
चैतन्य आत्म सत्ता।
वर्हिरंग अन्तरंग में,
होती थी रोज़ अनबन।
अब भक्ति भावना के,
पट खोलने लगी है।
स्वर्णिम किरण भ्रमण............

जब ध्यान, योग, आसन,
जप, तप, नियम किया ना।
प्रज्ञा, प्रखर, प्रसून को,
प्रभु की शरण दिया ना।
संसार को ही सार,
समझते रहे थे अब तक।

आया विकट समय तो,
सच सोचने लगी है।
स्वर्णिम किरण भ्रमण.............

किस्मत पे था भरोसा,
कर्मों में थी लगन भी।
अभियान ख़ुद को जानूँ,
औ दिल में थी अगन भी।
अब यात्रा शिखर की,
गाथा चली है बनने।
अनुभूति विरली अपने,
पर तौलने लगी है।
स्वर्णिम किरण भ्रमण........

संयोग श्रेष्ठतम है,
चित्त बिंदु में विलय है।
विस्मय अपूर्वतम है,
मस्ती भरा हृदय है।
कोहराम कैसा क्रन्दन,
करते हो देह वालों?
मृत्यु नहीं है यज्ञ में,
पूर्णाहुति लगी है।
स्वर्णिम किरण भ्रमण.............

01.11.2002

31. स्वयं के संदर्भ में

स्वयं के संदर्भ में,
एक सत्य मुखरित हो गया।
निश्चेतना और नींद को,
जीवन समर्पित हो गया।

वर्जनाओं में विवश,
बंदी ये तन अनमोल है।
कामनाएँ किन्तु कितना,
कर रहीं किल्लोल है।
सतकर्म, श्रृद्धा, सौम्यता,
सम्यक सजगता शून्य है।
है सतत् संघर्ष और,
सर्वस्व डावांडोल है।
साहस जुटाना, सर उठाना,
आज मुश्किल हो गया है।
स्वयं के संदर्भ में.............

प्रतिकूलता कोई न थी,
पर हमने शुभ सोचा नहीं।
केसर की क्यारी रौंदते,
कदमों को भी रोका नहीं।
विषधर सहेजे बाँह में,
विश्वास बाँधा गांठ में।
व्यक्तित्व में, व्यवहार में,
सिद्धांत को रोपा नहीं।
छल छद्म ओढे स्वार्थियों को,
हर कार्य अर्पित हो गया।
स्वयं के संदर्भ में...............

गहन तन्द्रा में भी सपने,
आपके आते रहे।
सूक्ष्म संकेतों से हमको,
आप समझाते रहे।
संसार न माया, न मिथ्या,
मेरा ही विस्तार है।
सृजन और विध्वंस का,
संबंध बतलाते रहे।
नित नये निश्चय में एक-एक,
दिन विसर्जित हो गया।
स्वयं के संदर्भ में.............

है मधुर बेला मिलन की,
प्राण जागे हैं अभी।
है बहुत संकरी गली,
संकल्प साधे हैं अभी।
हो हमारी जीत या हो हार,
है मनुहार प्रभु से।
पूर्णता की ओर ले चल,
हम तो आधे हैं अभी।
हूँ चकित कैसा अनोखा,
पथ प्रदर्शित हो गया।
स्वयं के संदर्भ में.............

25.10.2002

32. कर्म

कर्म में कर्तव्य में निस्वार्थ,
अब जुट जाइये।
आ पड़ा संकट वतन पर,
जागिये, उठ जाइये।

अब समय के साथ रखना है,
सजग हो हर कदम।
त्याग कर आलस को बंधु,
नींद को ठुकराइये।
कर्म में कर्तव्य में............

छल रहे विश्वास को,
सीमाओं पर घुसपैठिये।
सर कलम करके उन्हें,
यमलोक ही पहुंचाइये।
कर्म में कर्तव्य में..........

रहती नहीं बेशक हमारी,
आस्था संहार में।
पर नाग आस्तीनों में रखकर,
ख़ुद को ना डसवाइये।
कर्म में कर्तव्य में............

शान्त रह गौरव से जीना,
खून में, सिद्धांत में।
बलिदान का दिन आ गया,
अब पीछे न मुड़ जाइये।
कर्म में कर्तव्य में..........

मरकर अमर जीकर नये,
सम्मान का पल आ गया।
निर्भीक पहरी राष्ट्र के,
रणभेरियां बजवाइये।
कर्म में कर्तव्य में...........

कारगिल, कश्मीर, संसद में,
मचा आतंक देखो।
बैठकर घर में न अपने,
धैर्य को अजमाइये।
कर्म में कर्तव्य में.............

आशीष माँ बहनों की लेकर,
युद्ध में जुट जाइये।
जीतकर घर आइये,
भारत की जय जय गाइये।
कर्म में कर्तव्य में...............

33. ओ नारी

नारी का हित नारी से, बस नारा यही हमारा है।

हो भविष्य नारी का उज्जवल, यही प्रयत्न हमारा है।

नारी तू नारायणी है,

क्यों जीवन नरक बिताती है?

कुल कल्याणी क्यों इस जग को,

क्रंदन करूण सुनाती है?

कारण क्या है हे सुमुखी,

इस तरह व्यथित हो जाने का?

करो आंकलन निज कर्मों का,

गौरव गरिमा खो जाने का।

भूल गई क्या तुमने अपनी,

ख़ुद ही गोद उजाड़ी थी?

जब जाना जनना है बेटी,

कायरता अपना ली थी।

अगर शक्ति का सम्बल ले तू,

उस पल ख़ुद पर अड़ जाती।

करके कन्या भ्रूण की हत्या,

आज न इतना पछताती।

छल- छल नीर बहाती क्यों है?

गर बेटी का जन्म हुआ।

कह अभागनी बेटी को,
क्यों न कुछ मन में द्वन्द हुआ?
देकर अपराधी सा जीवन,
बेटी का बचपन नर्क किया।
बेटे की आशा में क्यों कर,
भेदभाव अनवरत किया?
कहा, पराई थाती है यह,
बेटा है कुल तारनहार।
इसीलिये अपने ही खून से,
करती पक्षपात व्यवहार।
अपने जीवन की कमजोरी ही,
क्यों देती सदा विरासत में?
स्वाभिमान क्यों न भर देती,
तू तनया के आँचल में?
अगर स्वयं के हित की रक्षा,
का तू मंत्र बता देती।
फिर कैसे बौराई दुनिया,
बेटी बहन जला देती?
क्यों ममता पर बिठलाई है,
बेटों की हिस्सेदारी?
क्यों सशक्त माता बनने की,
बिसरा डाली जिम्मेदारी?
चेतो अब आज सम्हल जाओ,
उत्थान की ख़ुद ही राह चुनो।
शिक्षित स्वस्थ स्वावलंबन से,

शक्तिभरा समाज बुनो।
ख़ुद से न कर झूठे वादे,
प्रज्ञाधारी नारी तू।
दृढ़ संकल्प सार्थक जीवन,
जीकर दिखला प्यारी तू।

नारी का हित नारी से, बस नारा यही हमारा है।
हो भविष्य नारी का उज्जवल, यही प्रयत्न हमारा है।

34. जीवन

मैंने अपना सारा जीवन,
उलट- पलट कर देखा।
मेरे कर्मठ हाथों में भी,
ना थी सुख की रेखा।

चरण कमलवत् कोमल मेरे,
कांटों से छलनी हैं।
और लिलार लिखा दिखता है,
सत् कर्मों का लेखा।
मैंने अपना सारा जीवन.......

तृणवत् जी- जीकर मुरझाए,
सूखा नीर नयन कुम्हलाए।
हाय हम क्या किस्मत लाए,
स्वप्न अधूरा देखा।
मैंने अपना सारा जीवन...........

ढूंढ के हारे आस- पास,
खुशियों का कोई घरौंदा।
देखा तो है दूर से उसको,
मगर साथ न देखा।
मैंने अपना सारा जीवन...............

कहने को तो कमी नहीं है,
अपने और बेगानों की।
लेकिन मैंने अपने पगतल,
का दलदल न देखा।
मैंने अपना सारा जीवन................

35. शक्ति दो

कुछ ऐसी शक्ति दो भगवन्,
सुख मोह से नाता तोड़ सकूं।
एक तेरे चरण से साँस-साँस,
पल-पल का नाता जोड़ सकूं।

मुझे कितने कष्ट सताते हैं,
भय और भ्रम त्रास दिखाते हैं।
जग के उत्सव ललचाते हैं,
सब अपने पास बुलाते हैं।
अब तो उलझन में हूँ भगवन्,
कैसे मन तुझमें मोड़ सकूं।
कुछ ऐसी.........

एक आशा हमें तुम्हीं से है,
बस नाता सदा तुम्हीं से है।
अभिमान करूँ क्या इस तन का,
जिसमें यह साँस तुम्हीं से है।
कर दो निशंक निर्भय भगवन्।
माया के बंधन तोड़ सकूं।
कुछ ऐसी........

कभी मान मिले न इतराऊं,
संकट में कभी न घबराऊँ।
किसी पथ के कंटक दूर करूँ,
यह जीवन धन्य बना पाऊँ।
ऐसा बल विक्रम दो भगवन्,
सौभाग्य से सबको जोड़ सकूं।
कुछ ऐसी.............

36. स्वयं की शांति

दिग्गजों से दोस्ती रखना मगर,
नाता स्वयं की शांति से न टूट जाए।

पालना सदगुण सदा व्यवहार में,
पहरा बिठाना संयमित आचार में।
बात न करना कभी अभिमान से,
दीनता छलके नहीं उच्चार में।
दिग्गजों से दोस्ती.............

नेह भी बांटो जिसे दरकार हो,
प्यास बिन पीना किसे स्वीकार हो।
पात्र को देखो कि कितनी है अपेक्षा,
उलटे घड़े पर धार न बेकार हो।
दिग्गजों से दोस्ती.............

भावना शुभ हो तो शुभ होता ही है,
कामना कटु हो अशुभ होता भी है।
सम्भावना है मान न मिल पाए समुचित,
दुर्भावना देखो तो दुःख होता ही है।
दिग्गजों से दोस्ती.............

37. ऐसी? कविता

किसने ऐसी कविता लिख दी,
निज भूलों की सरिता लिख दी।

जिसने अपनी हर भटकन को,
झटपट ढाँक लिया हाथों से।
उसने किसको क्षति पहुंचाने,
अपने मन की दुविधा लिख दी।
किसने ऐसी कविता लिख दी............

जान नहीं पाया सच्चाई,
चढ़ा दर्प की हर ऊँचाई।
मौका भी अच्छा पाया है,
उसने अपनी क्षमता लिख दी।
किसने ऐसी कविता लिख दी..........

पर पीड़ा जो समझ न पाए,
सेवा का भी ढोंग रचाए।
बीच भंवर में नांव डुबोकर,
उसने झूठी ममता लिख दी।
किसने ऐसी कविता लिख दी.................

38. सत् संगति के पल

इतनी जल्दी आपके,
जाने का पल आ गया।
प्रीत करे दु:ख होत है,
समझाने का पल आ गया।

वैसे तो बचपन से अब तक,
कितने अपने बिलग हुये हैं।
लेकिन आज बिछड़ते लगता,
प्राण देह से अलग हुये है।
हाथों में उपहार साँस
थम जाने का पल आ गया।
इतनी जल्दी आपके..........

सतसंगति के अनुपम अवसर,
आपसे मिलकर अमर हुये हैं।
दिल है एक मगर बातों के,
जाने कितने समर हुये हैं।
छलके आँखों में आंसू,
मुस्काने का पल आ गया।
इतनी जल्दी आपके.............

माना एक हाल में रहकर,
कोई पूर्ण नहीं होता है।
झेले मिलन बिरह के झोंके,
नर संपूर्ण वही होता है।
सुनते थे उपदेश के आज,
सुनाने का पल आ गया।
इतनी जल्दी आपके.............

आज विदाई की बेला में,
यही प्रार्थना हम सब करते।
गुजरें आप जहाँ से,
हो जाएं सब फूल भरे रस्ते।
शुभ सौभाग्य तुम्हारे संग,
पहुंचाने का पल आ गया।
इतनी जल्दी आपके...........

जहाँ भी तुम रहो हमदम,
बहुत मशहूर हो जाओ।
मगर इतने भी मत होना,
कि हमसे भी दूर हो जाओ।
ये आँसू अब नहीं छुपते,
बह जाने का पल आ गया।
इतनी जल्दी आपके जाने...........

श्याम सुधा रस पूर्ण है बंधु,
रोम- रोम करूणा के सिंधु।
तुमसे मिलने की आशा में,
पथरा न जाएं द्रंग बिंदु।
फटता हृदय मगर ख़ुद को,
समझाने का पल आ गया।
इतनी जल्दी आपके जाने..........

39. ठहर जाओ

ठहर जाओ कि मत जाओ,
न भटको शांति पाने को।
अगर पाना है ईश्वर को,
तो समझो उस ठिकाने को।
नहीं वह बंद मंदिर में,
न ग्रंथों में, किताबों में।
नहीं काबा न मस्जिद में,
न गिरजाघर के द्वारों में।
नहीं परिजन या प्रियजन में,
नहीं दुश्मन न यारों में।
कभी मिलता नहीं वह,
ढूंढ़ लो तुम धाम चारों में।
रत्न गर्भा समन्दर में,
नहीं वसुधा के अन्तर में।
न मिलता जाति बंधन में,
नहीं बेला या चंदन में।
नहीं वह भीड़ में मिलता,
न मिलता है अकेले में।
न ही निर्जन किनारों पर,
न बैसाखी के मेले में।
अजब ये राज है प्यारे,

कहाँ से प्रश्न उठते हैं,
कहाँ से आ रहे उत्तर?
जो ढूँढ़ा खोजकर्ता को,
तो पाया कि कहाँ मैं हूँ,
जहाँ मैं हूँ वहीं सब है,
जहाँ सब है वहीं रब है।
रब को नहीं देख सकते,
हमारे ये चर्म चक्षु।
वो दाता है हर एक शै का,
नहीं बनाता कभी भिक्षु।
हमें अनमोल साँसों से,
रिझाता है, खिजाता है,
मगर पर्दा नशीनी का,
ग़ज़ब फन उसको आता है।
तो लौट आ ओ निठुर ज्ञानी,
त्याग ना मन की हरियाली,
हरी डाली पे झूलेंगे यहीं,
राधा और वनमाली।
ठहर जाओ कि मत जाओ......

01.09.2001

40. मेरी चाहत

मेरी चाहत रही अधूरी,
तुम चाहो, हो जाए पूरी।

मैंने तुम संग जोड़ लिया,
हर तार महत्वाकांक्षा का।
पाया है एक सार तुम्हीं में,
तत्व, योग, मीमाँसा का।
नीरव माँग भरूँ सिंदूरी,
मेरी चाहत रही अधूरी।

मैंने जग संग तोड़ दिया,
रिश्ता अपने, बेगानों का।
अब तो हरपल लगता है,
ये देश मुझे मेहमानों का।
आज प्रतीक्षा कर दो पूरी,
मेरी चाहत रही अधूरी।

मैंने नैना- नैना झाँके,
तुमको ढूँढ़ नहीं पायी।
हार गई मैं अथक जतन कर,
माया से न मुक्ति पाई।
मिल जाओ मिट जाए दूरी,
मेरी चाहत रही अधूरी।

त्याग तपस्या मंत्र और दीक्षा,
जर- जर पूर्वाग्रह की भिक्षा।
तन की शिक्षा मन की भिक्षा।
आज मिटा दो हर मजबूरी।
मेरी चाहत रही अधूरी,
तुम चाहो हो जाए पूरी।

41. भीड़ ही भीड़ है

अजनबी इस शहर का कहाँ छोर है,
भीड़ ही भीड़ है, शोर ही शोर है।

हम कहाँ से चले थे कहाँ के लिये,
एक सुकूं से भरी ज़िंदगी के लिये।
कितना खोया है क्या फिर से मिल पाएगा?
क्यों तरसते हैं थोड़ी खुशी के लिये,

आँसुओं से भीगी हुई कोर है,
भीड़ ही भीड़ है, शोर ही शोर है।

दोस्त कब मिल सकेंगे मैं हैरान हूँ,
अजनबी इस शहर में परेशान हूँ।
जान पहचान ख़ुद से भी अब मिट चली,
मैं अकेला ठिठकता सा ईमान हूँ।

किस कदर अजनबीपन हर एक ओर है,
भीड़ ही भीड़ है शोर ही शोर है...........

42. सफर

दुर्गम सफर है,
या दृष्टि भ्रम है?
संघर्ष ज्यादा है,
या शक्ति कम है?
बुद्धि है विचलित,
या बहका अहम् है?
ये प्यारी है दुनिया,
या जकड़े व्यसन है?
दुविधा में डूबा हुआ,
एक मन है।
चक्रव्यूही ये,
जीवन का जंगल।
हर ओर माया,
करे मुझसे छल है।
न अपनी हैं आँखे,
न अपने हैं सपने।
न सपने में अपने,
ये कैसा स्वपन है?

क्या इसमें वज़न है?
कोई तो हो ऐसा।
करूँ जिससे बातें,
ये दुर्गम सफर है।

43. विदाई गीत - 1

आपसे कुछ बात दिल की हो न पाई,
कह रहे हैं दीजिए हमको विदाई।

जीत कर ले जा रहे हो दिल मेरा,
दोस्ती हमदम मेरे कैसी निभाई।
फ़र्ज़ के आगे विवश दिल की तमन्ना,
ज़िंदगी की दिल्लगी हमको न भाई।
आज कह दो अपने दिल पर हाथ रखकर,
प्रेम की भाषा हमें किसने सिखाई।
आपसे कुछ बात.............

होंठ कहना चाहते हैं दिल की जुबां,
दूर जाकर दूरियां रखना न भाई।
धड़कने बस में नहीं दिल की हमारे,
सह न पाएंगे सखी तेरी जुदाई।
बह रहे है अश्रु दिल को चीरकर,
आँखों ने दिल होड़ सावन से लगाई।
आपसे कुछ बात......................

28.01.2003

44. विदाई गीत - 2

मित्र गम जुदाई का, सह नहीं पायेंगे हम।
सत्र यह विदाई का, सह नहीं पायेंगे हम।

हर सुबह हर शाम हमको,
छोड़ जाता है कोई।
दिल पर नया नस्तर लगा,
मुख मोड़ जाता है कोई।
जिंदगानी के सफर में,
दोस्त कुछ अच्छे मिले।
दो कदम संग- संग चले,
फिर मोड़ आता है कोई।

संगीत सुर संग साज का, सुन नहीं पायेंगे हम।
मित्र गम जुदाई का, सह नहीं पायेंगे हम।

मान लें आवागमन में,
फिर नये का साथ होगा।
क्या पता सदभावना का,
उसमें क्या अनुपात होगा।
जिस सदाशयता से सिंचित,
आपका अनुराग पाया।
उस अनोखे नेह का,
दर्शन असंभव बात होगा।

जीत कर जाते मेरा दिल, जी नहीं पायेंगे हम
मित्र गम जुदाई का, सह नहीं पायेंगे हम।

संभावना फिर से मिलन की,
है अभी भी बलवती।
जाओ जहाँ हर हाल में,
करते रहो तुम उन्नति।
शांति समृद्धि स्वजन,
प्रियजन तुम्हारे साथ हो।
है प्रार्थना प्रभु से,
फले- फूले तुम्हारी संतति।

बहते हुए इस नीर से, इक बात कह पायेंगे हम
मित्र गम जुदाई का, सह नहीं पायेंगे हम।

06.06.2002

45. लौट आओ

लौट आओ प्रिय अपने घर,
घर सूना- सूना लगता है।
सजी धजी देहरी आँगन,
सन्नाटा दूना लगता है।

तुलसी का पौधा ओढ़ मंजरी,
झूम- झूम लहराता है।
यह आम का वृक्षा देखो तो,
धरती तक झुक- झुक जाता है।
मस्ती चढ़ आई महुआ को,
हर बाग सलोना लगता है।
लौट आओ प्रिय..........

थाल सजाकर कुमकुम चंदन,
अक्षत लेके बैठी हूँ।
कलश भराकर दीप जलाकर,
पलक बिछाकर बैठी हूँ।
सिहरन उठती सारे तन में,
और कभी पसीना लगता है।
लौट आओ प्रिय...........

काजल घुल- घुलकर बह निकला,
बादल भी बरस कर ठहर गया।
रूक गई पवन भी बासन्ती,
साँसों का सुर भी बिखर गया।
हद हो गई प्रतीक्षा की,
मन ठगा ठगुना लगता है।
लौट आओ प्रिय..............

46. भजन

शिव शम्भु दयालु दया करके,
भव फन्द छुड़ाओ कृपा करके।

मुझे लालच लोभ ने घेरा है,
चिन्ताओं ने डाला डेरा है।
संग काम क्रोध भी ठहरा है,
घन घोर निराशा का पहरा है।
फरियाद सुनो करूणा करके,
भव फन्द छुड़ाओ कृपा करके।

तेरे दरस को अँखिया तरस रहीं,
सावन भादों सी बरस रहीं।
रिश्तों की बेड़ी जकड़ रहीं,
साँसों पे भी मेरी न पकड़ रही।
करो देर न देख लो आकर के,
भव फन्द छुड़ाओं कृपा करके।

तुमको कहाँ आना जाना है,
मेरी ओर नज़र ही घुमाना है।
मुझे अपनी ओर बुलाना है,
जहाँ शान्ति का खुला ख़ज़ाना है।
एक बार तो देख बुलाकर के,
भव फन्द छुड़ाओ कृपा करके।

मैं युग युग तेरा ध्यान धरूँ,
तेरे दर्शन का रस पान करूँ,
और भाग्य पे अपने गुमान करूँ,
बस तेरे ही गुणगान करूँ।
भक्तों की लाज बचा करके,
भव फन्द छुड़ाओ कृपा करके।

47. सर्जना

सर्जना के इन क्षणों में,
एक कण मेरा मिला लो।
सृष्टि एक नूतन बना लो,

वेदना से विकल पल में,
अश्क पलकों में सम्हालो।
दृष्टि एक नूतन बना लो,
सृष्टि एक नूतन बना लो।

मेघ की इस गर्जना में,
प्रेम स्वर संगीत डालो।
गीत एक नूतन बना लो,
सृष्टि एक नूतन बना लो।

आत्म मंथन कर हृदय की,
सीप से मोती निकालो।
सुमरनी नूतन बना लो,
सृष्टि एक नूतन बना लो।

आज की अनुभूतियों पर,
एक उत्सव तुम बना लो।
छन्द नूतन गुनगुना लो,
सृष्टि एक नूतन बना लो।

प्रार्थना सबके लिए कर,
बात न कल पर ये टालो।
लगन ये नूतन लगा लो,
सृष्टि एक नूतन बना लो।

भावना के इस भंवर से,
कश्ती कुछ हौले निकालो।
मीत एक नूतन बना लो,
सृष्टि एक नूतन बना लो।

वर्जना के गेह में तुम,
चैन की वंशी बजा लो।
रास फिर नूतन रचा लो,
सृष्टि एक नूतन बना लो।

गूढ़ इस संकेत से तुम,
आज अपना आप पा लो।
ज़िंदगी नूतन बना लो,
सृष्टि एक नूतन बना लो।

06.01.1999

48. मुक्ति की बात

मुक्ति की बात,
अब याद आती नहीं।
मुझको जबसे तुम्हारा,
दरस मिल गया।
आने जाने में अब,
कोई बंदिश नहीं।
हर बहाने हर एक,
पल तू ही मिल गया।

धन से चोरों का भय,
बल में शत्रु का भय।
रूप में था बुढ़ापे,
और मृत्यु का भय।
कुछ तो बाहर का भय,
कुछ था अन्दर का भय।
अब न मारा मरूं,
न विचारा मरूं।
अविनाशी का जब से,
भजन मिल गया। मुक्ति की बात..........

कितने डरते थे,
संशय में रहते थे हम।

अब अभय हो गये,

सूर्योदय हो गये।

रात्रि की बात अब,

याद आती नहीं।

जब हरि स्मरण के,

कमल खिल गये। मुक्ति की बात............

स्वाध्याय से अपना ही,

अध्ययन किया।

सब कपट कट गया,

आर्जव पा लिया।

क्षोभ की भावना का,

विलय हो गया।

अब अलोलुप्त हैं,

जग में रहते हुए।

माधव ममता से अब,

मार्दव मिल गया।

मुक्ति की बात..........

आर्जव (बनावटीपन छोड़कर सीधा सरल होना आर्जव कहलाता है)

मार्दव (बिना कारण दु:ख देने वालों के प्रति भी हृदय में कोमलता का भाव जागना मार्दव कहलाता है)

07.07.1999

49. मैं आइने की धूल

मैं आइने की धूल हूँ,
सूखी नदी का कूल हूँ।
कांटा नहीं त्रिशूल हूँ,
न खिल सका वो फूल हूँ।
मैं आइने की धूल हूँ............

मैं फाँस हूँ किसी पाँव की,
या आँख की हूँ किरकिरी।
क्या भोर का तारा हूँ,
कि तम निशा की भूल हूँ?
मैं आइने की धूल हूँ.......

ज्यों बूंद बादल से गिरे,
न ओस, न मोती बने।
मेरी कामना होती नहीं,
सौभाग्य के प्रतिकूल हूँ।
मैं आइने की धूल हूँ........

मैं गर्भ में ही भार हूँ,
तिरस्कार ही तिरस्कार हूँ।
मैं सृष्टि की सम्भावना,
मृत होने को मजबूर हूँ।
मैं आइने की धूल हूँ...........

लो एक क्षण में मौन हूँ,
बूझो ज़रा मैं कौन हूँ।
बेदी हूँ तेरे प्यार की,
या माँ तुम्हारी भूल हूँ?
मैं आइने की धूल हूँ..........

50. शब्द की सीमा नहीं

शब्द की
सीमा नहीं है
अर्थ के हैं दायरे
बस इसी अंदाज से
जीवन फिसलता जाए रे
शब्द आये
कान में या
शब्द आये ज्ञान में
या शब्द आये
मौन में या
शब्द आये ध्यान में
आज मन
इस चक्रव्यूह में
उलझता जाए रे
शब्द की
सीमा नहीं है...........

51. दिव्य देव

दिव्य देव का अवतरण,
समा रहा आकार में।
निराकार उद्भव हुआ,
सृष्टि के साकार में।

उर्जा अब गतिशील हुई,
ले प्रकृति का अवलंब।
सकल पदारथ प्रकट हुये,
तनिक न हुआ विलंब।

जैसी जस माया रही,
तस तैसी धर नव देह।
चेतन चित चिन्गारी से,
जाग्रत हुआ विदेह।

धधक उठी हर प्राण में,
लिए श्वास प्रश्वास।
नित नूतन कर्तव करें,
रखा न संयम पास।

कर्म गति, विधि की गति,
मिल प्रबल हुआ प्रांरब्ध।
सुध- बुध ख़ुद की खो गई,
कुछ न हुआ उपलब्ध।

शुष्क अश्रु जब रिक्त हस्त,
व्याकुल हो सहकर पीर।
हर करवट तड़पन भरी,
मनवा हुआ अधीर।

जितना ढूढ़ा चैन को,
उतनी उतरी पर्त।
अन्त जो निर्गुण रह गया,
स्वीकारा बेशर्त।

तर्क गया, तृष्णा गई,
जागा सहज विवेक।
एक वही कौतुक करे,
रक्खें रूप अनेक।

सृष्टि से दृष्टि बढ़ी,
फिर बढ़ा है दृष्टिकोण।
सत्य समूचा प्रकट हुआ,
जब गुरू मिल गये द्रोण।

धन्य- धन्य मैं बावरी,
पाकर मानव जोन।
कण- कण से परिचित भई,
मुखर हो गई मौन।

52. दो शब्द

तुम्हारे
दो शब्द मुझे
बहुत तसल्ली देते हैं
जब मैं घबराकर
दर्द के स्याह समन्दर में
तन्हा डूबती जाती हूँ
अतल
गहराइयों में और
छोड़ देती हूँ
हर उम्मीद
किसी चमत्कार की
हार जाती हूँ
ख़ुद के हाथों ही
आशा की अंतिम दमड़ी
भूल जाती हूँ
कहीं
कोई है हमारा

जो अब भी
मेरे लिए
सोचता है
सुख
और बोलता है
दो शब्द प्यार के

20.04.2002

53. प्यार

ये दो नैना

होते न

आँख न लड़ती

बात न बढ़ती

दिल न होता

प्यार न होता

दिल होने से

प्यार हुआ

इज़हार हुआ

इक़रार हुआ

तक़रार हुआ

जब वो आते

हम खिल जाते

जाते उनके

मुरझा जाते

हो गया मन का

संसार बड़ा

मन सोच रहा

विभ्रमित खड़ा
जाऊँ कहाँ
उन्हें पाऊँ कहाँ
हाँ यह सच है
हम मर जाते

गर ख्वाबों में
सोते जगते
आते न,
ये दो नैना होते न।

07.07.1977

54. ध्यान तुम्हारा

ध्यान तुम्हारा
सुख में आता
दुःख में आता
सुख- दुःख
न हो
तब भी आता

जब मैं हँसती
जब मैं गाती
कभी कल्पना
मैं खो जाती
आंसू बनकर
मन मथ जाता
ध्यान तुम्हारा..........

जब मैं सोती
जब जग जाती
महफिल में
तन्हा हो जाती
तुम्हें ढूढ़कर
मन थक जाता
ध्यान तुम्हारा........

याद तुम्हारी

खूब सताती

पर तुमको

वह ला न पाती

तब मन विकल

दु:खी हो जाता

ध्यान तुम्हारा...........

सुख के संगी

दु:ख के साथी

ओ जन्मों के

संग संगाती

तुम बिन जीवन

बीता जाता

ध्यान तुम्हारा............

यह मुरझाती

जीवन थाती

बुझ इन

प्राणों की बाती

तुम आ जाते

मन थम जाता

ध्यान तुम्हारा...............

55. मजबूरी

इन आँखों से उन आँखों की,
धरती नभ की दूरी है।
फिर भी चाह एक होने की,
यह कैसी मजबूरी है?

चोरी से चुपके जाने कब,
स्वप्न तेरे आ जाते हैं।
बीते संदर्भों को दुहरा,
फिर मुझे वहीं ले जाते हैं।

मीठे- मीठे गीत सुहाने,
होठों पर आ जाते हैं।
फूलों की वादी में कहीं,
जन्मों की कसमें खाते हैं।

तुम मेरा हाथ हाथों में लेकर,
तारों तक ले जाते हो।
तन मन में उठती लहरें सागर सी,
मदहोशी में खो जाते हैं।

पर कोमल पलकें तब ही,
धीरे से हिल उठती हैं।
स्मृति ही है यह तो पिछली,
चेतनता कह उठती है।

घुमड़- घुमड़ आते हैं आंसू,
विवश चाह और दूरी पर।
साँसें एक छलना सी लगती,
मन की साध अधूरी है।

इन आँखों से उन आँखों की,
धरती नभ की दूरी है।
फिर भी चाह एक होने की,
यह कैसी मजबूरी है।

56. पीड़ा

मेरे प्राणों के दर्पण में,
जब तेरी याद उभरती है।
पीड़ा एक सुहागन सी,
थोड़ा और संवरती है।

जब तुम मदभरी निगाहों से,
इस ओर निहारा करती थीं।
खामोश इशारों से मुझको,
क्या-क्या कह जाया करती थीं।

आत्म समर्पित सी प्रतिपल,
तुम मेरे आगे रहती थीं।
पाकर इन बाहों के बंधन,
अपने जीवन पर गर्भित थीं।

तेरे संग बीते हरपल की,
अनुभूति नहीं बिसरती है।
मेरे प्राणों के दर्पण में,
जब तेरी याद उभरती है।

57. न पूजा न पाठ

न पूजा न पाठ
न मंत्र
एक सौ आठ,
हम हैं हरिहर
तेरी शरण में
ज्यों डेवड़ी
का काठ।
बचपन बीता
वैभव बीता,
उमर हो
गई साठ।
न पूजा.......

झड़े पंख
हम हुये रंक,
अब हुये
धूल में ठाठ।
न पूजा.......
पढ़ीं पोथियां
लिखीं चिट्ठियां,
ज्ञान न
आया गांठ।
न पूजा न.........

58. प्रेम का वायरस

हो गयी फिर इश्क में,
एक जान कुर्बान लो।
प्रीत की परछाइयाँ भी,
छल रहीं इंसान को।

सोचते हैं हम प्रगति में,
छू रहे अब तो गगन।
अवहेलना कर पूर्वजों की,
अपनी बुद्धि पर मगन।

कर रहे गौरव नयी- नयी,
खोज पर, विज्ञान पर।
गा रहे हैं यश कथा,
कम्प्यूटरों की तान पर।

खो दिया है आदमी ने,
स्वयं की पहचान को।
प्रीत की परछाईयाँ भी,
छल रहीं इंसान को।

किन्तु फिर भी वायरस,
कुछ प्यार के हैं जीन में।
आ भी जाते हैं अचानक,
दो से मिल कर तीन में।
कर ही देते हैं किसी पर,
प्रीत का यह संक्रमण।
दग्ध होता है किसी का,
तन- बदन, हर रोम कण।

लौट जाते हैं पुरातन,
रूढ़िमय स्थान को।
प्रीत की परछाईयाँ भी,
छल रहीं इंसान को।

59. सदियाँ

वर्ष के वर्ष सदियाँ की सदियाँ,
कम पड़ी हैं बुराई मिटाने।
वर्ष के वर्ष सदियाँ की सदियाँ,
कम पड़ेंगे बुराई मिटाने।

यह प्रकृति चक्र चलता रहेहगा,
आदमी इसमें ईंधन बनेगा।
ख़ुद ही अपने हृदय को छलेगा,
जलते दीपक की लौ को बुझाने।
ढूँढ़ ही लेगा लाखों बहाने,
वर्ष के वर्ष.............

आदमी आदमियत से हटकर,
मर मिटेगा मशीनों से पिटकर।
और मिटायेगा धरती को डटकर,
अपने मिटने के भय को हराने।
अन्य ग्रह पर करेगा ठिकाने,
वर्ष के वर्ष.............

मान लें कि बुराई बड़ी है,
एक सरल बिंदू सी आत्मा को।
कुचलने की साजिश लगी है,
एक चिंगारी होती है काफी।
अंधकारों का सीना जलाने,
वर्ष के वर्ष.................

फिर भी उम्मीद उसकी प्रबल है,
आदमी में जो नन्हा सा कल है।
कल से कल तक वो कलकल बहेगा,
हों क्षितिज चीरने में भले ही।
बदले जायेंगे कितने जमाने,
वर्ष के वर्ष................

60. साकार सपने

कुछ सपने साकार हो गये,
कंचनमय घर द्वार हो गये।
भूल भुलैया भटकन चिंता,
जीवन के आधार हो गये।
कुछ सपने साकार.............

अनुभव जग के रास न आये,
शांति सौम्यता पास न आये।
भू भव: स्व: दर्शन चिंतन के,
अवसर आज उधार हो गये।
कुछ सपने साकार...........

प्रेम प्रीत पीड़ा बन ठहरी,
प्रीतम से दूरी हुई गहरी।
भव सागर में भजन बिना हम,
नैया बिन पतवार हो गये।
कुछ सपने साकार...........

घोर निराशा डूबी आशा,
जर-जर है सुख की परिभाषा।
भव बंधन में बाँध के मन को,
माया मोह सवार हो गये।
कुछ सपने साकार...........

अम्बुज बनने की अभिलाषा,
सूर्य किरण की रही पिपासा।
भव भय इतना बड़ा हृदय में,
घोर अमा अंधियार हो गये।
कुछ सपने साकार............

अश्रु मुक्त हो बिखर रहे है,
पीड़ा के भी शिखर नये हैं।
भव भूषण बनना चाहा था,
बीती हुई बहार हो गये।

सूखी डाल ब्यार अंधड़ की,
झड़ते पात ऋतु पतझड़ की।
थामें ख़ुदको कब तक कैसे,
बेमाने मनुहार हो गये।
कुछ सपने साकार..........

हाय- हाय हम हार रहे हैं,
हरिहर तुम्हें पुकार रहे हैं।
हे भव भंजन भक्त तुम्हारे,
क्यों इतने लाचार हो गये।
कुछ सपने साकार.........

61. साक्षी

तुम साक्षी अमूल्य पल के,
मैं तुमसे कैसे भेद छुपा लूँ।
जग जाहिर यह राज न कर दो,
इसीलिए पलकों पे बिठा लूँ

मैंने सुख दुःख की यह गठरी,
तेरे आगे नहीं सम्हाली।
इसीलिए तो अन्तर मन की,
तुमसे सब बातें कह डाली।

पावस के बादल से घुमड़े,
रोम- रोम पर छाए क्यों हो।
सारी वसुधा का जल लेकर,
मेरे आँगन आए क्यों हो।

भले प्रलय का करो बहाना,
मुश्किल है मुझको झुठलाना।
मैं सम्पूर्ण तुम्हारे बस में
फिर भी सरल नहीं फुसलाना।

तुम विशाल विस्तृत गगन तो,
मैं केंद्र तेरा हर एक कोर से।
बाद बना संवाद करो, करो
प्रतिवाद न अब तुम किसी ओर से।

तेरे मेरे बीच न रक्खो,
अब रहस्य का कोई बंधन।
तुम जानो पल छिन के आगे,
मैंने खोल दिया अवगुंठन।

साक्षी हो अपने वादे के,
आज तुम्हें फिर याद दिला दूं।
रहना है नैनों में छुपकर,
आ पलकों पर तुम्हें बिठा लूँ।

22.05.1999

62. शोर थम जाएगा

देह की इस वेदना को,
और बढ़ने दो प्रिय।
वेदना संवेदना को,
और लड़ने दो प्रिय।।

देखना कुछ ही पलों में,
शोर यह थम जायेगा।
पर उगे हैं हँस के,
तो नीड़ क्या कर पायेगा।
फड़फड़ा कर तौलने दो,
शक्ति के अंदाज को।
सामने विस्तृत गगन है,
उड़ने दो जांबाज को।
अहम् के गलते क्षरण को,
और बहने दो प्रिय।
सूर्य की पहली किरण को,
और बढ़ने दो प्रिय।
देह की इस..........
विश्रांति थी कुछ देर की,
चलना तुझे तत्काल है।

शांति के अंतिम शिखर का,
लक्ष्य तेरे पास है।
है कठिन अब और भी,
तूफान में थमना इधर।
लौटा तो गिर ही जायेगा,
जन्मों की खाई है उधर।
अब शक्ति को हर ओर से,
ख़ुद में सिमटने दो प्रिय।
मुक्ति के हर छोर से,
ख़ुद को लिपटने दो प्रिय।
देह की इस.............

अहा इस नीलाभ तल पर,
प्रकृति का क्या रूप है।
हिमाच्छादित फुनगियों पर,
ज्यों गुलाबी धूप है।
है सभी एक ताल लय पर,
व्यस्त अपने काम में।
हर पोर चेतन झूमता,
आनंद में, निष्काम में।
रह गई कुछ सीढि याँ,
कदमों को बढ़ने दो प्रिय।
कूदना है काल में,
साहस को बढ़ने दो प्रिय।
देह की इस..........

वेदना बन जाएगी जब वंदना,
संवेदना बन जाएगी अराधना।
आह पूजा अर्चना हो जायेगी,
मौन हो जाएगी जब हर प्रार्थना।
मस्त हो अलमस्त से,
ख़ुद को भिड़ने दो प्रिय।
प्रेम के अंदाज को,
हर ओर झड़ने दो प्रिय।
देह की इस वेदना को,
और बढ़ने दो प्रिय।
वेदना संवेदना को,
और लड़ने दो प्रिय।।

11.01.2000

63. मन का आँगन

मेरे अन्तर्मन के आँगन में,
जब तूने डेरा डाल दिया है।
दूर सभी जगजाल किया है,
मुझको मालामाल किया है।

अब किसे रिझाना क्या समझाना,
किसे छुपाना क्या बतलाना।
जग की नजरों में दीवाना,
तेरी चितवन का हूँ परवाना।
मेरे पंखों का जल जाना,
तूने ख़ुद ही देख लिया है।
मुझको मालामाल किया है...........

धन्य हो गये अहम् गलाया,
मन को झाड़ पोछ चमकाया।
सच का असली रूप दिखाया,
प्रीत अमर है याद दिलाया।
तम में खो जाने से पहले,
तूने मुझे सम्हाल लिया है।
मुझको मालामाल किया है..........

छल प्रपंच माया का बंधन,
टूटा चकना चूर हुआ अब।
तेरा मेरा दूर हुआ सब,
बस अब तू है, तू ही है सब।
जर्जर तन को भी इक पल में,
मंत्र ध्वनित तत्काल किया है।
मुझको मालामाल किया है.........

64. साँसें मेरी

साँसें मेरी तेरे फेरे,
धड़कन तेरी थापें है।
मन मन्दिर में नाच रहा तू,
मुख घूंघट में ढाँके है।
गूंज रहा स्वर ओम हृदय से,
मुख में तेरी बातें हैं।
नहीं सुनाई देता कुछ भी,
क्या- क्या लोग सुनाते हैं।
आँखें मेरी दर्शन तेरे,
हाथ चरण तक जाते हैं।
साँसें मेरी तेरे फेरे.......

माथे पर स्पर्श हो तेरा,
सहस्त्र कमल खिल जाते हैं।
ज्ञान अधूरा ध्यान है पूरा,
सब तेरी सौगाते हैं।
जीत तुम्हारी प्रीत हमारी,
आनंद धाम बनाते हैं।
अब किसकी करना है प्रतीक्षा,

हम तेरे संग आते हैं।
यह पग मेरा वह मग तेरा,
इसको साथ मिलाते हैं।
साँसें मेरी तेरे फेरे...........

65. जिज्ञासा

एक जिज्ञासा है मन की,
नियति क्या है जीवन की।
जिस दिन धरती पर पाया तन,
आह करूण थी क्रंदन की।
खुश थे वे जिसने पाई,
एक नई कृति अपनी सी।
नाम दिया गढ़कर पहनाई,
सॉकल अपनी संस्कृति की।
मुझे बनाया हिन्दु मुस्लिम,
या जाति अस्पर्शों की।
रक्खी इतनी छूट खुलापन,
गाय बंधी हो खूटे की।
मेरे मन में भरी उड़ाने,
थाहें पाने सृष्टि की।
परिधि के अन्दर क्या है,
सब बातें भूली इस जग की।
अब तो मुझको मन का उड़ना,

एक सच्चा पल लगता है।
दृष्टि के आगे ही सृष्टि,
में अपनापन लगता है।
एक अभिलाषा जीवन की,
बात कहूँ किससे मन की।

07.08.1997

66. मन भ्रमर तू

मन भ्रमर तू इस जगत में,
शुभ गुणों का पान कर।
डूब न जा दुर्गुणों में,
न पंक में स्नान कर।
मन भ्रमर तू इस.......

दे मृदुल स्पर्श जन को,
मन में सुख संचार कर।
दूसरों का सुख बढ़ाकर,
अपना सुख विस्तार कर।
हो जा अमर युग से युगों तक,
ऐसा चेतन प्यार कर।
मन भ्रमर तू इस.........

मत थकित हो बैठना,
चल ख़ुद ही रस्ता पार कर।
कौन उनको पूछता,
श्रम से चुराते जो नज़र।
हीन मत कर मन की ताकत,
हारा ख़ुदको मानकर।
मन भ्रमर तू इस.........

दूसरों से ईर्ष्या नफरत,
न सुख की होड़ कर।
छल प्रपंचों और बनावट,
की चदरिया ओढ़कर।
क्या नतीजा हो रहा,
इस बात को स्वीकार कर।
मन भ्रमर तू इस...........

नियम को उल्टा चला,
क्या- क्या रखेगा जोड़कर।
साथ ले जाएगा क्या तू,
जाएगा क्या छोड़कर।
चाहता है मान तो,
पल- पल का तू सम्मान कर।
मन भ्रमर तू इस.........

सीख लें उनसे ही कुछ,
जो जी रहे है आह में।
सुख में दु:ख में फर्क क्या है,
जानने की चाह में।
सत्य सुख की खोज है तो,
आजा थोड़ा ध्यानकर।
मन भ्रमर तू इस...........

67. एक परिन्दा

एक परिन्दा पंख पसारे,
आसमान में उड़ता है।
भोजन की खातिर वह आखिर,
धरती पर ही मुड़ता है।
एक दरिन्दा धनुषबाण ले,
घर से तभी निकलता है।
बच्चों की भूख मिटाने को,
वह आसमान को तकता है।
एक नाग निकला बिल से,
सरपट भागा जाता है।
चिड़िया के अंडे खाने को,
पेड़ों की ओर लपकता है।
एक तपस्वी इसी समय,
कुटिया से बाहर चलता है।
करने को पूजन अर्चन,
जलचर एक इसी क्षण,
चुपके- चुपके जल में आता है।
मृत्यु का क्षण आकर देखो,
किसे कहाँ ले जाता है।
नाग मोह में फँसा परिन्दा,

तीर दरिन्दे का खाता।
झाड़ी में छिपकर बैठा था,
वह ग्रास नाग का बन जाता।
तभी कहीं से मोर निकलकर,
नाग झूमकर खा जाता।
जलचर उस तपसी को पाकर,
जल समाधि है दिलवाता।
और किनारे खड़े शिकारी,
की गोली भी ख़ुद खाता।
जलचर नभचर नागराज के,
साथ तपस्वी मर जाता।
बच्चों की खातिर मरता है,
वह जो दरिन्दा कहलाता।
बैर किसी का नहीं किसी से,
सब स्वभाव बस हो जाता।
मुक्ति किसे और बंधन किसको,
मन में सवाल यह मंडराता।

09.09.1998

68. हिरनी

ऊर्जा की ऊष्मा से जिसकी,
दिप- दिप करती आंखें।
हिरनी सी चौकन्नी,
जिसकी चमचम चमके आंखें।

ध्यान ज्ञान विज्ञान की चाबी,
मन के भीतर राखें।
रेकी सा स्पर्श देह का,
रोम- रोम झन्ना दें।
हिरनी सी चौकन्नी..........

एक बूंद सीपी में रखकर,
मोती नया बना दें।
सूर्य चन्द्र नक्षत्र सितारे,
एक साथ दिखला दें।
हिरनी सी चौकन्नी.......

कौन बीज है किस धरती में,
पनप रहा समझा दें।
आत्म विभोर बना दें ऐसी,
अंतर्मन तक झांकें।
हिरनी सी चौकन्नी.....

बहती रहती हैं झरनों सी,
उसकी मीठी बातें।
दिन में जो सुन ले उसकी,
सपनों में बीतें रातें।
हिरनी सी चौकन्नी........

है यह कौन अलौकिक सत्ता,
मिट्टी का तन धारे।
सबको अपनी सी लगती है,
सबको बंधु विचारे।
हिरनी सी चौकन्नी..........

69. क्रोध

कुछ काम बढ़ा कुछ क्रोध बढ़ा,
जग से मेरा प्रतिशोध बढ़ा।

कुछ लोभ बढ़ा कुछ मोह बढ़ा,
लालच से फिर सम्मोह बढ़ा।

कुछ राग बढ़ा कुछ द्वेष बढ़ा,
मैं, मेरा, तू, तेरा विशेष बढ़ा।

जीवन में सुख सम्मान बढ़ा,
तो तन मन में अभिमान बढ़ा।

न शांति बढ़ी न सौम्य बढ़ा,
दु:ख चिन्ताओं का व्योम बढ़ा।

जब तेरी गली में पाँव पड़ा,
भौंचक्का सा रह गया खड़ा।

जब से तुमसे अनुराग बढ़ा,
दिन- दिन मेरा सौभाग्य बढ़ा।

तेरे चरणों में जब ध्यान बढ़ा,
अज्ञान गया कुछ ज्ञान बढ़ा।

तुझे मिलने का अरमान बढ़ा,
मेरी ओर तू अपना हाथ बढ़ा।

07.08.1997

70. गुरू कृपा

देखिए गुरूवर आपका,
पाकर ज्ञान प्रकाश।
हृदय पल्लवित प्रेम तरू,
फैल गया आकाश।
दिशा- दिशा में कौंधती,
आज तड़ित छवि ओम की।
आनंद झिर अब है लगी,
तृप्त हुआ विश्वास।
देखिए गुरूवर आपका............

अब ऐसा कुछ कीजिए,
भव तृष्णा मिट जाए।
जो भी फल हो ज्ञान का,
आता जाता खाए।
छाया में विश्राम कर,
पाये शक्ति खास।
देखिए गुरूवर आपका.........

धन्य- धन्य गुरू आपको,
दृष्टिकोण पलटाए।
अन्दर बाहर भेदकर,
खड़ा- खड़ा मुसकाए।
जब तक मिट्टी में रहूँ,
रहूँ आपका दास।
देखिए गुरूवर आपका...........

71. तुम्हारे ही बस में

अगर है तुम्हारे ही बस में तो आओ,
हमें भी तुम अपनी विभूति दिखाओ।
मेरे चर्म चक्षु न देखे तुम्हें तो,
कृपा करके तुम दिव्य चक्षु जगाओ।
अगर ज्ञान विज्ञान जप तप से मिलते,
तो ज्ञानी, यति, योगी, तपसी न रोते।
भक्ति से केवल अगर तुमको पाते,
तो जग के ये मोही विरागी न होते।
कई धर्म होते न छोटे जहाँ में,
विवादों में मंदिर और मस्जिद न होते।
उजाला जो कण- कण में तेरा ही है तो,
क्यों न सभी एक सूरज पकड़ते।
अगर कर्म ही सबके कारण बने हैं,
तो क्यों कर्ता धर्ता तुमको समझते।
ये है कौन सा चक्र चलता है हरपल,
पिसते कभी या कभी हम फिसलते।
दिखाई न देते कहीं हाथ और धड़,

गये हैं किधर जो आये थे रथ चढ़।

सुनाई भी न देती थापें ये विगत की,

शरारत तुम्हारी है या नियति है तन की।

अपने ही भीतर उठे प्रश्न कैसे,

दधि अब तो मंथन को आतुर हो जैसे।

आओ तुम अपनी मथानी चलाओ,

रखो छांछ में फिर भी मक्खन बनाओ।

तुम्हारी कृपा बिन मैं कितना भी चाहूँ,

समझना तुम्हें पर समझ कैसे पाऊँ।

मेरे शब्द चाहें अब संगीत होना,

तुम्हें छूकर उज्जवल नवनीत होना।

मैं मानूँ तुम्हारे ही बस में है आओ,

मुझे बांसुरी की मधुर धुन सुनाओ।

फूँको तुम गीता के फिर मंत्र मुझमें,

मेरी आस्था को अमर तुम बनाओ।

अगर है तुम्हारे बस में तो...........

08.10.1998

72. नश्वर देह

नहीं ये हो नहीं सकता,
कि वापिस प्राण न जाए।

ये नश्वर देह है प्यारे,
यहाँ कब तक तू रह पाए।

ये साँसों का ख़ज़ाना,
जो तू अपने साथ लाया है।

खरीदो इनसे कुछ ऐसा,
लगे तुमने कमाया है।

करो तुम याद उस क्षण को,
नहीं थे जब इस दुनिया में।

इसी क्षण चेत लो प्यारे,
यही क्षण बस तुम्हारा है।

करो तुम प्रेम चित सत् से,
वही सच्चा सहारा है।

जो है वह रह नहीं सकता,
हमेशा जैसे का तैसा ही।

नहीं दिखता जो प्रभु तुमको,
सदा वैसे का वैसा ही।

सौंप दो उसको एक- एक साँस,
सौंप दो उसको हर विश्वास।

प्रकट होगी जो चिन्गारी,
बनेगी कल वो अमर प्रकाश।

नहीं ये हो नहीं सकता,
तुम ऐसे ही चले जाओ।

पुकारा तुमको प्रभु ने है,
आओ तुम उनके पास आओ।

09.09.1997

73. प्रतीक्षा

जिसकी प्रतीक्षा में खोये थे ऐसे,
उसने पुकारा तो सपना लगे हैं।
आकर न ठहरे जाकर न आए,
कुछ- कुछ मुझे तो समय सा लगे है।
उसकी समीक्षा करूँ भी तो कैसे,
हर पल मुझे कुछ नया सा लगे है।
कभी पास इतना कि देखा न जाए,
साँसों में उसका महकना लगे है।
कभी दूर इतना कि तारों से आगे,
न जाने कहाँ तक चहकना लगे है।

जिसकी प्रतीक्षा में खोए थे ऐसे,
कि उसने पुकारा तो चौंके न जागे।
न रोली, न अक्षत, न चंदन का टीका,
न पुष्पो की माला लिए दौड़े भागे।
जन्मों तपस्या से पथरा गए थे,

वो आए तो मैंने नयन न उघारे।
स्पर्श उसका हृदय तक लगे है,
आया अचानक तो भ्रम सा लगे है।
अचरज तो यह है यहीं वह छुपा था,
जहाँ दिल में मेरे अँधेरा लगे है।

10.09.1997

74. मन की गांठ

खोल मन की गांठ प्रियतम,
बाँट लो सुख दुःख बाराबर।
ज़िंदगी के इस सफर में,
प्रीत गहरी हो परस्पर।

तुम मुझे सम्पूर्ण अपना मान लो,
चार दिन की ज़िंदगी है जान लो।
दो कदम हम आ गये हैं पास तेरे,
दो कदम तुम भी बढ़ोगे ठान लो।
रच सकेंगे एक नये संसार को,
रोक न पाए हमें सातों समन्दर।
खोल मन की गांठ...........

जानते हैं चाहे कितना प्यार हो,
एक दूजे से मृदुल व्यवहार हो।
कुछ न कुछ हम सब में रहती है कमी,
फिर भी प्यारे तुम मुझे स्वीकार लो।
मैं तुम्हारे वास्ते आई धरा पर,
देखिए मुख मोड़ना छल है सरासर।
खोल मन की गांठ.........

मानती हूँ तुम अकेले ही हो सक्षम,
साथ लेलोगे तो क्या हो जाओगे कम।
हम अगर संग- संग चलें हो एक मंज़िल,
प्रेम ईश्वर का मधुर उपहार है।
देखिए हम न करें इसका अनादर,
बाँट लें सुख- दुख बराबर।
खोल मन की गांठ...........

75. मौन में ही आई

कहने से भी न आई,
सुनने से भी न आई।
पढ़ने से भी न आई,
लिखने से भी न आई।

जिसके लिए थी व्याकुल,
तेरी ओर से ही आई।
जो बात जाननी थी,
वह मौन से ही आई।

न मंदिरों से आई,
न मस्जिदों से आई।
रमने में भी न आई,
भगने में भी न आई।

ध्यान से न आई,
जब ज्ञान से न आई।
राग, द्वेष, तृष्णा,
वैराग्य से न आई।

न आसमाँ से आई,
न ही जमीं से आई।
तेरी पुकार मुझको,
दिल में पड़ी सुनाई।

ब्रह्माण्ड, चाँद, सूरज,
करते थे चांई माँई।
थक कर गिरा में ऐसा,
तब तू दिया दिखाई।

76. फागुन

थोड़ा सावन होता है,
थोड़ा फागुन होता है।
उनके आने से सोया,
उपवन मधुवन होता है।

थोड़ा शरमा जाती हूँ,
थोड़ा घबरा जाती हूँ।
उनकी आँखों में खो जाने,
को मन पुलकित होता है।

इतनी गुप- चुप आती हूँ,
धीरे- धीरे आती हूँ।
फिर भी पैरों की पायलिया,
से छुनछुन होता है।

उनके पास आते ही,
और घूँघट उठाते ही।
वीणा के तारों को छूने सा,
तन थर- थर होता है।

थोड़ा इठला जाती हूँ,
थोड़ा सा बलखाती हूँ।
उनकी बाहों में बस जाकर,
दिल में धुक- धुक होता है।

ख़ुद को भूल जाती हूँ,
बस उनको ही पाती हूँ।
हम थे दो कहाँ बस एक,
का ही अनुभव होता है।

इस दुर्लभ अनुभव से आज,
मैंने खो दी सारी लाज।
अब तो रोम- रोम से हर पल,
उनका सुमिरन होता है।

टूटे मोह पास के फंद,
मैंने कर ली आंखें बन्द।
मन के मन्दिर में अब तो,
उनका दर्शन होता है।

77. पीड़ा

पीड़ा तो इतनी सह ली है,
ख़ुद पीड़ा हम से शरमाई।
जिस दिन से तुम बिछड़े पापा,
किस दिन न तुम्हारी याद आई।

माना अंजाने देश गये,
पर छोड़ के जो उद्देश्य गये।
आहत हूँ मैं उस सपने को,
अब तक साकार न कर पाये।

दुनिया क्यों समझे दुःख मेरा,
जब तुम्हें असह दुःख दे आई।
मेहनत से गढ़ी मूर्ति को,
अधबनी उठाकर ले आई।

इस अनगढ़ आधी मूर्ति की,
छाया ही मेरे पास रही।
इसकी शोभा अद्भुत क्षमता,
हे पिता आपके साथ गई।

सुनते है मन से प्रायश्चित तो,
सारे पापों को धोता है।
अरे पिता और पुत्री के,
बीच संग्राम कहीं पर होता है?

तुम देवलोक या पितृ लोक,
या मेरे शोक में रहते हो।
तुम जहाँ कहीं भी रहते हो,
अब मेरे लिए क्या कहते हो?

हे पितृ शक्ति अब माफ करो,
इस पुत्री का अभिश्राप हरो।
उंगली तो नहीं पकड़ने को पर,
फिर खोया विश्वास भरो।

मैं हारूँ तेरा दिया जीवन,
तुम आकर मुझे सहारा दो।
एक शक्ति नई भर तनमन में,
मुझको वह कार्य दुबारा दो।

बचपन से जिसका ज्ञान दिया,
उस ज्योति को आज प्रखर कर दो।
तुमने तो जीवन मौन जिया,
पर मेरे प्राण मुखर कर दो।

78. दिवाली

चलो आज दिल से दिवाली मनाएँ,
प्रभु स्मरण का दिया फिर जलाएँ।

दिया जब जलेगा तो रस्ता दिखेगा,
उजाला हो घट में तो अँधेरा छटेगा।
भले हो अमावस सा अज्ञान काला,
बढ़ता हुआ फिर कदम न रूकेगा।
जो स्नेह प्रभु ने दिया वो लुटाएँ,
चलो आज दिल से दिवाली मनाएँ।

जो स्नेह को मोल लेते प्रभु जी,
तो न होते उजाले कभी भी, कहीं भी।
फिर संकल्प को बटके बाती बनाए,
साँसों, प्रश्वासों के मंथन से आओ।
शुभ के लिए यज्ञ अग्नि जलाएँ,
चलो आज दिल से दिवाली मनाएँ।

साँसों के धागे में बाँधे प्रभु नाम,
अंत: समन्दर से मोती निकालें।
सजा दें जगत की अनमोल चादर,
जिसे सृष्टिकर्ता के चरणतल बिछा दें।
हो गद्- गद् नयन मूँदकर मुस्कुराए,
चलो आज दिल से दिवाली मनाएँ।

सभी की हो मंगलमयी संध्या बेला,
यहाँ से पथिक तुझको जाना अकेला।
चतुर्दिश भले संगी साथी खड़े हों,
मगर रोक पाने पर बस न चलेगा।
मधुर मंत्र गीता के फिर गुनगुनाएँ,
चलो आज दिल से दिवाली मनाएँ।

79. मैं न जानूँ

मैं न जानूँ तुम मेरी,
कमजोरी कैसे बन गये।
जीवन में साँसों के संग,
जरूरी कैसे बन गए।
सोचा था तुम संग होगे तो,
कदम सुदृढ़ बन जाएंगे।
आधे छूटे कामों को,
मिलकर पूरा कर पाएंगे।
तेरी आँखों में प्यार था,
या करूणा समझ न आया।
मेरी घायल काया को,
क्यों तुमने मरहम लगाया।
तूफानी मन में आकर,
एक आस का दीप जलाया।
कहते हो कि तुम मानव हो,
और मानव धर्म निभाया।
मैं तुमको प्यार समझ बैठी,
यह मेरा पागलपन था।
सेवा संरक्षण भोजन दे,

तुमने कर्तव्य निभाया।
और मैंना सी ठगी गई मैं,
ख़ुद को पिंजड़े में पाया।
तुम सामने हो तो क्रोध बढ़े,
तुम दूर रहो तो चिंता।
तुम रहो सदा सुख शांति से,
मैं यही प्रार्थना करती हूँ।
पर देख तुम्हें सुख सुविधा में,
मैं ठंडी आहें भरती हूँ।
अब नाते अपने एक उलझी,
सी डोरी कैसे बन गये।
मैं न जानूँ तुम मेरी,
कमजोरी कैसे बन गए।

80. विस्तार

मेरी चेतना का तुम तक विस्तार हो,
मेरे हर कर्म में तुम ही साकार हो।

मेरी भावना को भक्ति का भाव मिले,
मेरी साधना को शक्ति का साध्य मिले।
मेरी वंदना का तेरा दरबार मिले,
मेरी आत्मा को तेरा ही प्यार मिले।
मेरी वेदना पर तेरा अधिकार हो,
मेरी चेतना का तुम तक विस्तार हो।

तेरी इच्छा मेरी इच्छा बन जाये,
तेरी दीक्षा मेरी शिक्षा बन जाए।
तेरी ज्योति मेरा दीपक बन जाए,
तेरी याद मेरी हर धड़कन बन जाए।
तेरे मेरे बीच न कोई व्यापार हो,
मेरी चेतना का तुम तक विस्तार हो।

81. जाना बहुत जरूरी

जाना बहुत जरूरी है,
रूकना भी मजबूरी है।
उजियारे और अंधियारे के,
बीच किरण सिंदूरी है।
पर रूकना मजबूरी.........

इस दुनिया से उस दुनिया की,
कुछ साँसों की दूरी है।
इन सपनों से उन अपनों की,
दो पलकों की दूरी है।
पर रूकना मजबूरी.........

जब तक दिल पर बोझ रहेगा,
यात्रा मेरी अधूरी है।
आत्मा में दुविधा है मेरे,
यह कैसी मजबूरी है।
पर रूकना मजबूरी.........

82. उलझन सुलझ गई

मेरी सुलझ गई है उलझन,
आजा तेरी भी सुलझा दूं।
कैसे मन का बोझ हटेगा,
आओ इसका राज बता दूं।
प्रभु स्वतंत्र है हम स्वतंत्र हैं,
खेलने को यह देह मिली है।
खेल भाव से प्रभु जी खेले,
सोचें हम बस प्रभु ही हारे।
हार जीत की इस चिंता में,
खेल के सारे नियम बिसारें।
देह को समझें अपनी थाती,
उनकी ओर न रिन्च उछालें।
इसीलिए एक खेल न होकर,
जेल हुआ जाता है जीवन।
बंदी बंधन स्वयं बाँधकर,
मुक्ति चाहता कातर होकर।
जिसका जन्म हुआ इस जग में,

मृत्यु सदा उसकी निश्चित है।
जन्म हर्ष देता है जग को,
मृत्यु पर हर मन चिंतित है।

जन्म मृत्यु के इस संगम का,
कर्म तेरा अधार बता दूं।
योग युक्त हो जीने का ढंग,
योग दृष्ट हो जीवन के रंग।
स्व कल्याण अभीष्ट जिसे है,
योग मुक्ति है उस मन के संग।
योग सृष्टि हो जाए सम्भव,
रोम- रोम से ओम उच्चारें।
कैसे ओम करें स्पंदन,
आओ इसका जाप बता दें।
मेरी सुलझ गई है उलझन,
आजा तेरी भी सुलझा दूं।

83. बलिदान का पल

कर्म में कर्तव्य में और,
कृष्ण में रम जाइये।
धर्म में धनधान्य में,
धृतराष्ट्र न बन जाइये।

अब समय के साथ रखना है,
सजग हो हर कदम।
सो रहे जन्मों से अब तो,
नींद को ठुकराइये।

आ पड़ा संकट वतन पर,
जागिये उठ आइये।
कुटिल कपटी कायरों पर,
कहर बनकर छाइये।

आज गीता ज्ञान का,
बलिदान का क्षण आ गया।
मरकर अमर जीकर बड़े,
सम्मान का पल आ गया।

दे रहा आवाज हमको,
कारगिल का आसमाँ।
निर्भीक प्रहरी राष्ट्र के,
देर करते हो कहाँ।

नापाक गन्दी ख्वाहिशें,
अब ख़ाक करना है चलो।
परिणाम निश्चित जीत,
रहना है साथी सब चलो।

छल गये विश्वास को,
सीमाओं पर घुसपैठिये।
सर कलम करके ही उनको,
ठांव तक पहुंचाइये।

है नहीं बेशक हमारी,
आस्था संहार में।
पर सदा गौरव से जीना,
ही रहा अधिकार में।

आज दें बलिदान,
रक्खें मान माँ की कोख का।
आइये हुंकारिये,
अब सरहदों पर जाइये।

कल तुम्हें खुशियाँ मनाना है,
अभी जल्दी चलो।
फहरायें ध्वज और गायें,
वन्देमातरम् अब आइये।

कर्म में कर्तव्य में,
और कृष्ण में रम जाइये।
धर्म में धनधान्य में,
धृतराष्ट्र न बन जाइये।

84. प्यार करना और निभाना

प्यार करना और निभाना,
हमने सीखा आपसे।
अश्रु पीकर मुस्कुराना,
हमने सीखा आपसे

राई से पर्वत बनाना,
हम ना सीखें आपसे।
मिलने से करना बहाना,
हम ना सीखे आपसे।

चुप लगाकर चहचहाना,
हमने सीखा आपसे।
कुछ भी कहना मुस्कुराना,
हमने सीखा आपसे

पतझड़ों में गुल खिलाना,
हम ना सीखे आपसे।
जीतकर भी हार जाना,
हमने ना सीखा आपसे।

अपनों से ही मात खाना,
हमने सीखा आपसे।
दर्द पीकर गुनगुनाना,
हमने सीखे आपसे

बीज से उपवन बनाना,
हम ना सीखे आपसे।
आँख से खुशबू लुटाना,
हम ना सीखे आपसे।

आहतों की पीड़ हरना,
हमने सीखा आपसे।
चाहतों की भीड़ करना,
हमने सीखा आपसे।

दुश्मनों को माफ करना,
हम ना सीखे आपसे।
आग का दरिया बुझाना,
हम ना सीखे आपसे।

आहतों की पीड़ हरना
हमने सीखा आपसे।
चाहतों की भीड़ करना,
हमने सीखा आपसे।

अमिय देकर गरल पीना,
हम ना सीखे आपसे।
अमर होकर अभय जीना,
हम ना सीखे आपसे।

मेरा तेरा हो हमारा,
हमने सीखा आपसे।
सब हमारा हो तुम्हारा,
हमने सीखा आपसे।

है यही अनुरोध अब,
अवरोध सब हर लीजिए।
डूबा रहूँ तेरे ध्यान में,
अब न विचलित कीजिए।

अपने ही हो तुम इसलिए,
इच्छा बताई आपसे।
सपने करो सच इसलिए,
भिक्षा मंगाई आपसे।

85. रूठने मनाने में

ज़िंदगी हो गई पूरी,
इसी फ़साने में।
कुछ उनसे प्यार में,
कुछ रूठने मनाने में।
हमने देखा सरेआम,
अजनबी ऐसा।
जिसकी आँखों में था,
नूर एक नवी जैसा।
करके इंतज़ार कई,
साल तिश्नगी जैसा।
मिल गया प्यार मुझे,
उसका शबनमी ऐसा।

हो गई फिर सुबह,
उसके मुस्कुराने में।
ज़िंदगी हो गई पूरी,
इसी फ़साने में।
गर न मिलता अजनबी,
तो क्या होता।
मेरे ख्वाबों का कहाँ,

कोई राज़दाँ होता।
सारे जहाँ का होकर भी,
न जो मेरा होता।

मैंने ख़ुशनसीबी का,
गीत न लिखा होता।
आरज़ू हो गई पूरी,
उसके आने में।
ज़िंदगी हो गई पूरी,
इसी फ़साने में।

पूछते सब हमसे उसमें,
हमने क्या देखा।
उसकी दरियादिली में,
मैंने एक ख़ुदा देखा।
उसकी आवाज में गूंजे है,
मदीने की सदा।
उसके दामन में है हर एक,
शय के लिए दुआ।
बन्दगी हो गई पूरी,
उसको पाने में।

हो गई ज़िंदगी पूरी,
इसी फ़साने में।
ये तो अच्छा था कि,
वो आदमी ख़ुदा न था।
वरना इंसान की इंसानियत,

का क्या होता।
कौन करता हमारे इश्क़,
के चर्चे घर- घर।

हमसे नाचीज़ को जो,
वो न अपना कहता।
हर खुशी हो गई पूरी,
उसके आने में।
ज़िंदगी हो गई पूरी,
इसी फ़साने में।
अब बस एक तमन्ना,
पूरी हो जाए।
उसके दीदार में अपना,
जनाज़ा उठ जाए।
मेरी मैयत में,
उसका सहारा हो जाए।

आज इस बीमार-ए-रूह को,
सुकून मिल जाए।
अंजली भर गई पूरी,
उसे उठाने में।
ज़िंदगी हो गई पूरी,
इसी फ़साने में।

86. योग यज्ञ

योग यज्ञ है

योग हवन है,

इन सबका

आधार पवन है।

देह वेदि का

हविष्यान क्या?

शुभ्र विचार

सौरभित मन है।

क्या समिधा है?

काहे का घृत?

दुष्ट विचारों

की समिधा है।

घृत के लिए

आत्म मंथन है।

कौन ऋषि है

कौन पुरोहित?

आहुति क्या

उद्देश्य लिए है?

आत्मा ऋषि है।

मन पुरोहित है।

सर्व समन्वय

जन गण मन है।

योग यज्ञ है

योग हवन है।

87. आस्था

आस्था
अवस्था है
अद्भुत एहसास की
आस्था
व्यवस्था है
अहम् के परित्याग की
आस्था
अवस्था है
अनोखे अनुराग की
अहं
जो हर पल
तिल-तिलकर बढ़ता है
हर दिन
जन्म के बाद से
अपनी जड़ें
मजबूत करता है
हम
अपने ही भावों
विचारों निज स्वार्थों से

इसका निरंतर
पोषण करते हैं
जकड़े रहते हैं
अपनी आत्मा को
गहरे अंधकार से
खोए रहते हैं
विस्मृति के संसार में
जब
अचानक आती है
प्रकाश की कोई किरण
हमें छूने हमारा अस्तित्व
हमें ही दिखाने को
तब नकारता है यही अहम्
हमको रोकता है
सहज होने को
पहाड़ की तरह अड़ता है
अहम्
जो हरपल
तिल-तिलकर बढ़ता है
आस्था,
चमत्कारों से नहीं होती
बाज़ीगरी खेलती है
हमारी जिज्ञासा से
धर्म और धर्मज्ञ
टकराते हैं जब

अपने सिद्धांत
भूल जाते हैं
मूल मंत्र
कि इस जग को
हमको तुमको एक ही
हवा, पानी और मिट्टी
ने बनाया है
तब हमारा यहाँ से
तुम्हारा वहां से
किसी का कहाँ
से आया है
हम हैं
एक साथ
एक काल में
हम याद रक्खें
हर हाल में
सिर्फ,
हमारे कहने से
सब कुछ नहीं होता
सिर्फ,
हमारे सोचने से
कुछ नहीं होगा
हमें,
हमेशा अपेक्षा रहती है
किसी की दुआ की

जो हम एक दूसरे के लिए
माँग सकते हैं आकाश से
करते हैं इबादत उठाते हैं हाथ
माँगते है सिर्फ,
उस परवरदिगार से
हमारी आस्था
तुझमें और तेरे
संसार में हो
हमारा,
जन्मजन्मांतर
तेरे प्यार में हो।

02.01.2000

88. विस्फोट

व्यकुल बिलखते प्राण यह,
जर जर हुआ है नीड़ सारा।
कौन देखे दुर्दशा जब,
सब तरफ हो एक नजारा।
हृदय से पत्थर हटे तो,
हाथ कुचले कुछ उठाएँ।
पैर मिट्टी में धसे,
ज़ख्मों से क्या मक्खी उड़ाएँ।
हाय यह विध्वंस की,
क्यों नींव मानव ने ही डाली।
कर लिया विस्फोट,
अपनी देह की धज्जी उड़ा ली।
क्यों नहीं तत्काल,
मेरे साँस के यह बंध टूटे।
मानवीय संवेदना को,
जिस घड़ी विश्वास लूटे।
मैं तड़पता ही रहूँगा,
और बनूंगा एक प्रमाण।

सीख ले शायद कभी,
हिरोशिमा की राख से।
अब कारगिल तक के सफर में,
खो दिया जो वह मिलेगा।
वह फिर कभी बन प्रभात?

89. तुझसे रिश्ता

जो तुमसे है रिश्ता,
समझ में न आये।
सम्बोधन कोई क्या,
तुझे बाँध पाये।
कभी तो हँसाए,
कभी तू रूलाये।
प्रिये से भी प्रियतर,
कहाँ तुम समाये।
पिया राम से है,
सिया सी हूँ मैं भी।
हैं सम्बन्ध भाई,
बहन से घने भी।
माता पिता भी,
अतुलनीय पाये।
ससुर सास देवर,
भी मन को लुभाए।
मगर कौन तुम हो,
जो सपनों में आए।
गैरों में आए ना,

अपनों में आए।
कभी साथ ले जाते,
तारों से आगे।
कभी भूमिगत करके,
तुम दौड़े भागे।
सोये हुए हों हम,
या थोड़े जागे।
लपेटे है मुझको,
तेरे स्वर्ण धागे।
महसूस तुमको करूँ,
तन से मन से।
करता है कितनी तू,
बातें हृदय से।
बताता है तू मुझको,
रास्ता जिधर का।
कहता यह है पता,
मेरे घर का।
मैं चलती उधर फिर,
इधर मुड़के आती।
पति की प्रियों की,
है चिंता सताती।
एक बात दिल की,
हूँ तुमको बताती।
भोले पिया को कभी,

छल न पाती।
अगर चाहते हो,
कल्याण मेरा।
उन्हें भी बना दो,
हम राह मेरा।
देखो मैं कितनी त्वरित,
गति से आती।
बाधा कोई ना,
प्रगति पथ में पाती।
करूँ में प्रतीक्षा,
तुम्हारी कृपा की।
ना लो अब परीक्षा,
मेरी प्रार्थना की।

होना वही है जो,
तुमने है चाहा।
तेरे लिए है हर,
संकल्प स्वाहा।

05.08.1997

90. नागफनी

हम नागफनी के पुष्प,
भले खिल पाये नहीं बहारों में।
आई मौज खिल गये अगर,
तो दिखते एक हज़ारों में।
हमको देख स्वयं डरता है,
बोने पनपाने वाला।
हुई भूल क्या हाय विधाता,
कहता है ऊपर वाला।
शुष्क पठारों में भी सजती,
आई अपनी मधुशाला।
तपती रेत तले ही मिलता,
कुंआ तेल वाला।
हम वो ज्वालामुखी जो बरसों,
सागर के तल में बसते हैं।
सदा धधकते अंतर्मन से,
वसुधा का आँगन भरते हैं।
नहीं बुझा पाई अब तक,
कोई ठंडी नदी मेरी ज्वाला।
मुझको क्या डर मेरा भी तो,
वही प्रभु है रखवाला।

91. फाँस

मुझे प्रीत की फाँस लगी,
दिखती न निकलती है।
बाहर से कुरेदूँ तो,
गहरे को फिसलती है।
मुझे प्रीत की फाँस........

मैंने जिससे प्यार किया,
चंदन तन गार दिया।
क्या उसको खबर होगी,
क्या मेरी गलती है।
मुझे प्रीत की फाँस.........

मैंने विश्वास किया,
उसे दिल के पास किया।
जिसे छूने को मेरी,
हर साँस मचलती है।
मुझे प्रीत की फाँस............

जिसके लिए सब छोड़ा,
जग का भी नियम तोड़ा।
क्या आएगा पास मेरे,
यह आशा छलती है।
मुझे प्रीत की फाँस..........

जब पास रहा मेरे,
अँखिया मैं चुराती थी।
अब अखिंयन ओट हुआ,
दिन रात छलकती हैं।
मुझे प्रीत की फाँस..........

अब आगे क्या होगा,
अंजाम वही जाने।
याद में गिनगिनकर,
हर साँस निकलती है।
मुझे प्रीत की फाँस.........

हाय इतना दर्द बढ़ा,
फिर भी बेदर्द बड़ा।
कोई जतन नहीं करता,
एक आग सी जलती है।
मुझे प्रीत की फाँस.............

सम्भव है यही होगा,
मुझे जाँच रहा होगा।
एक आँच में तपकर ही,
मिट्टी घट बनती है।
मुझे प्रीत की फाँस.........

लड़- लड़कर अंधेरे से,
रातों के कलेजे से।
हर सुबह के कुछ पहले,
शबनम झड़ती है।
मुझे प्रीत की फाँस..........

क्या नाम मैं लूँ उसका
सब कुछ ही है जिसका
मेरी शिकवा शिकायत भी
अब हिम सी पिघलती है।
मुझे प्रीत की फाँस...........

लो शोर थमा भारी,
व्याकुलता भी हारी।
अब मन के मंदिर से,
एक किरण उतरती है।
मुझे प्रीत की फाँस...........

92. निर्मल पानी

आडंबर को आत्मसात कर,
विदुजन हुये और अभिमानी।
ठूंठ हुये अब पंडित ज्ञानी।
निस दिन पोथी पत्रा बाँचे,
धन-वैभव को ज्ञान से जाँचे।
मन में कटुता, बात में पटुता,
कदली संग करोंदी नाचे।
तार-तार है आनंद अनुभव,
जकड़े है दिल को बेईमानी।
आडंबर को आत्म........
फिर भी रवि ने नियम न तोड़ा,
सरिता ने कल- कल न छोड़ा।
अंजुरी- अंजुरी पीने वाले,
प्यासों ने कोई प्रयत्न न छोड़ा।
झरझर झरझर बहती है प्रज्ञा,
पर्वत में भी राह बनानी।
आत्मतत्व से धूल झाड़कर,
बनना होगा निर्मल पानी।
आदर्शों को आत्मसात कर,
उच्च बनानी है जिंदगानी।
आडंबर को आत्म.........

93. जो जान ले

जो जान लें कि मिल सकें,
साधन से श्री भगवान भी।
तो मान लो सच, छीन लें,
आसन तेरा इंसान भी।
गर दे पता असली तू अपने,
रहने के स्थान का।
कारण कोई रह जाए न,
तेरे भी इस सम्मान का।
हम हैं लगाते अटकलें,
और ढूँढ़ते तुझको चलें।
अच्छा किया तूने बनाया,
घर निखिल ब्रह्माण्ड का।
मरजी तेरी कहीं तू रहे,
छुपकर बदलकर वेश भी।
पर आ कभी छुप जा यहाँ,
इस दिल में है अंधकार भी।
छुपकर रहो इसमें कि यह भी,
है तुम्हारा अपना घर।

गर कुछ असुविधा सी लगे,
तो तोड़ना दीवार भी।
जो मान लें कि बाँध सकते,
हम तुझे कहीं भी नहीं।
तो तू ही माया से छुड़ा,
आ काट मेरे फंद भी।
सुनते हैं माया से बंधा,
जड़ जीव भूला फिर रहा।
फिर क्रोध किस कारण अरे,
कुछ तो रखो ईमान भी।
जो जान ले कि मिल सकें।
साधन से श्री भगवान भी।

94. अगन लगी

वन चहुँदिस अगन लगी,
घिर गई मैं ज्यों हिरनी
राग द्वेष और इर्ष्या,
काम क्रोध धन लिप्सा
प्रमाद बड़ा है भारी,
ख़ुद अपनी बात बिगारी
अकुलाऊँ फंद पड़ी,
वन चहुँदिस अगन लगी

बिन पंख विहंग व्याकुल,
मधु बिन है मधुप आकुल।
व्याधि लिप्त घबराऊँ,
मल रही हाथ पछताऊँ।
भव बिच संताप घिरी,
वन चहुँदिस अगन लगी।

गुरू मात पिता न जानूँ,
मैं नेह प्रेम न मानूँ।
तुम दीन बंधु उर गामी,
सब विधि हो मेरे स्वामी।
अब तेरी शरण पड़ी,
वन चहुँदिस अगन लगी।

मेरी प्रीत सबही विधि तुमसे,
क्यों मोड़ खड़े मुख हमसे।
मर ही न जाऊँ इस गम से,
यह साँस न रह जाए थम के।
अति दीन हूँ विरह पड़ी,
वन चहुँदिस अगन लगी।
माना तुम अंतर्यामी,
फिर भी है व्यथा सुनानी।
मागूं कृपा दृष्टि मृदु बानी,
यही बार जोर जुग पानी।
काटो क्लेश कड़ी,
वन चहुँदिस अगन लगी।

मैंने पिया प्रेम का प्याला,
मन मस्त मगन मतवाला।
सब छोड़ कपट जंजाला,
भजता पुनि दीनदयाला।
फिर सुमति जाग पड़ी,
वन चहुँदिस अगन लगी।

तेरी याद की सुरसरि बहती,
डुबकी में लगाते रहते।
मन की सब बातें कहते,
तेरी सब बातें सुनती।
बरसी सावन की झड़ी,
वन चहुँदिस अगन लगी।

---

95. चित् चोर

मन तेरे प्यार में सराबोर,
भीगा है तन का पोर-पोर।
घनश्याम घटा घिर आई,
चहुँदिस नाचे मन का मोर।

जाने कब जा पहुँची तुम तक,
पकड़ ध्यान की डोर।
दिव्य दृष्टि सी जाग गई है,
हो गई चहुँदिस भोर।
मन तेरे प्यार में.............

जाने अनजाने जीवन की,
बंध गई तुम संग डोर।
लुकाछिपी का खेल दिखा,
दामनी चमके चहुँ ओर।
मन तेरे प्यार में......

धूप सुमन अक्षत चंदन से,
पूजूँ नभ का छोर।
अर्चन, बंधन, अभिनंदन में,
शिव ओम् कहूँ पुरजोर।
मन तेरे प्यार में........

क्या मंदिर मस्जिद गुरुद्वारा
तू दिखता है हर ओर।
अब ईद दिवाली क्रिसमस,
तुम संग हो गई आत्मविभोर।
मन तेरे प्यार में..........

माखन मुझको बना छाछ,
कर दिया अलग झझकोर।
मैं मेरा, तू तेरा सब भ्रम,
चुरा लिया चित् चोर।
मन तेरे प्यार में..........

96. हमने चाहा आपको

हमने चाहा हमने माँगा,
हमने पाया आपको।
हम न समझे हम न जाने,
पुण्य हो या पाप हो।
हम न समझे...............

हम न जाने तुम हमारे,
पास थे या दूर थे।
पर मेरी आँखों के,
तुम ही जगमगाते नूर थे।
आह जब उच्छवांस बन,
कर आसमाँ छूने लगी।
कस्तूरियों की गंध तब,
चारों दिशा में छा गई।
हमने सोचा हमने खोजा,
हमने पाया आपको।
हम न समझे.........

हम मधुर क्षण के, अमर,
आनंद को पीकर पड़े हैं।
सैकड़ों मुध मास तब से,
द्वार पर आये खड़े हैं।
दे रही है थाप अब,
किसलय से आकर पवन भी।
डोलती वसुधा हमारे साथ,
झूमा है गनन भी।
हमने गाया गुनगुनाया,
ज़िंदगी के राग को।
हम न समझे.........

एक सुबह थी आँख खुलते,
ही पड़ी उस पर नज़र।
सत्य था साकार बनकर,
ओस पर पहली किरण।
एक नदी थी दूर से,
झरती उमड़ती आई घर।
थर थराकर घुल गई सीने,
में धड़कन साँस बनकर।
हमने पाया और लुटाया,
एक नये अहसास को।
हम न समझे........

97. प्रकृति के खेल

झूठ का ओढ़े लबादा,
सत्य के संग तोड़ वादा।
छल रहे हैं हम स्वयं को,
कोई थोड़ा, कोई ज्यादा।
चाहते धन स्रोत का,
हर द्वार मेरे घर खुले।
सारे वैभव, सुख, सफलता,
हमको, बस हमको मिले।
कर रहे हर काम ऐसे,
जो न करने चाहिये।
कह रहे हर बात ऐसी,
जो न कहनी चाहिये।
क्या समंदर भेद सारे,
सबके आगे खोल दे।
कौन है जो साँस का,
प्रश्वास को कोई मोल दे।
सूर्य अपनी हर किरण को,
रोक ले अपने ही घर।

जीव या जीवन कहाँ,
आये नज़र इस भूमि पर।
तो रहें न क्यों सहज,
देखें प्रकृति के खेल को।
जागें इसी क्षण देख लें,
आगत विगत के मेल को।

98. झंडा ऊँचा फहराया

झंडा ऊँचा फहराया,
स्वतंत्रता की वर्षगांठ पर।
जन-जन का मन हर्षाया,
झंडा ऊँचा फहराया।
फूल खिले खुशियों के चहुँ दिश,
आया, फिर शुभ दिन आया।
झंडा ऊँचा फहराया.........

जनगण मंगल दायक गाकर,
अभिनंदन है दर्शाया।
झंडा ऊँचा फहराया..........

वीर शहीदों की स्मृति में,
श्रद्धा से मन भर आया।
झंडा ऊँचा फहराया........

अभिव्यक्ति का अधिकार हमें,
आज़ादी ने दिलवाया।
झंडा ऊँचा फहराया........

कर्तव्यों को भूल रहे थे,
कुछ करने का प्रण दोहराया।
झंडा ऊँचा फहराया..........

स्वतंत्रता की स्वर्ण जयंति का,
यह अमूल्य अवसर आया।
झंडा ऊँचा फहराया........
हैं पचास, और पाँच लाख वर्षों तक,
हम पर हो छाया।
झंडा ऊँचा फहराया...........

07.08.1997

99. स्वर्ग कहाँ?

एक थे महात्मा

ज्ञानी ध्यानी और विज्ञानी

भूतल पर उतारना चाहते थे स्वर्ग

मैं अज्ञानी कर बैठा नादानी

पूछा जाकर गुरू

ये स्वर्ग क्या होता है

वे मेरी बेअक्ली पर पहले हँसे

बोले नरक के कीड़े

नरक में ही धसे

स्वर्ग में देवताओं का होता है वास

सुख सुविधाओं का होता न ह्रास

भव्य महल और सुंदर अप्सरा

गीत संगीत नृत्य श्रृंगार से भरा

देवत्व गुण वाले राजा और प्रजा

कहीं किसी सुख का न हो अभाव ज़रा

सुर भी हो, सुंदरी भी हो, चाहो तो मिले सुरा

आश्चर्य मेरी आँखों में उतर आया

ऐसा तो स्वर्ग यहीं देखा है याद आया

पर चुप रहकर मैंने पूछा प्रभु और नरक कहाँ

बोले गरीबी के टोलों में, अस्पतालों और जेलों में

बेटी की ससुराल, मोटर और रेलों में

मैंने कहा प्रभु नरक तो बताया पर स्वर्ग है कहाँ

बोले मेरे पैरों तले

कहकर वो गये चले

मैं हक्का- बक्का सोचता रहा खड़ा

देवता बन जाऊँ या दानव बन जाऊँ

हूँ तो मनुष्य मानव बन जाऊँ

देव और दैत्यों के गुणों में कर संतुलन

धरती पर बनाया होगा मनुष्य तन

सोचा मानव हूँ मानव रह पाऊँ

मनु सत का रूप धरती पर पाऊँ

माना अज्ञानी हूँ महर्षि नहीं

धरती तो देती है ममता

चाहती है समता

अगर फैलेगी विषमता

तो कहाँ रहेंगे देवता?

100. हरि

हरि! हरी रे तूने सारी विपद हरी,
शुद्ध स्वरूप दिखाकर अपना।
निर्मल बुद्धि करी,
करी रे तूने निर्मल दृष्टि करी।
हरी रे तूने सारी..........

संशयात्मा विनश्यति कहकर,
शंका दूर करी।
करी रे तूने शंका दूर करी,
हरी रे तूने सारी विपद हरी।

मामेकं शरणं वृज कहकर,
बहियाँ मोरी गही।
गही रे तूने बहियाँ मोरी गही,
हरी रे तूने सारी विपद हरी।

जीवन धर्म युद्ध कह तूने,
जागृत शक्ति करी।
करी रे तूने जागृत शक्ति करी,
हरी रे तूने सारी विपद हरी।

कल था, अब हूँ, कल भी रहूँगा,
मिथ्या मृत्यु हरी।
हरी रे तूने मिथ्या मृत्यु हरी,
हरी रे तूने सारी विपद हरी।

हाँका रथ सारथी बन तुमने,
राह की चिंता हरी।
हरी रे तूने राह की चिंता हरी,
हरी रे तूने सारी विपद हरी।

सर्व पापेभ्यो मोक्ष्यामि कह,
मुक्ति मेरी करी।
करी रे तूने मुक्ति मेरी करी,
हरी रे तूने सारी विपद हरी।

06.08.1997

101. पुजारिन

आज गुज़रे हैं वो इस गली से,
खुशबू आने लगी हर कली से।
सारा आलम बहकने लगा है,
गुंचा-गुंचा महकने लगा है।
आँख झरने लगी है खुशी से,
आज गुज़रे हैं वो इस गली से।

पत्ता-पत्ता पवन संग डोले,
ज़िंदगी जागती हौले-हौले।
तितलियों ने हसीन पंख खोले,
पंचमी स्वर में हर जीव बोले।
थरथराने लगे लब खुशी से,
आज गुज़रे हैं वो इस गली से।

लो स्वयंवर का पल आ गया है,
स्वसमर्पण का बल आ गया है।
धड़कनों का मचा शोर भारी,
साँस में लिपटी मीठी खुमारी।
होश भी उड़ चले हैं खुशी से,
आज गुज़रे हैं वो इस गली से।

उनका छूना वो घूँघट का कोना,
मूर्च्छित हो गया मन का छोना।
होश आये तभी हल्के-हल्के,
ढाँक ली हमने ख़ुद अपनी पलकें।
ढलकी बाहों में उनकी खुशी से,
आज गुज़रे हैं वो इस गली से।

उनकी चितवन से हूँ पानी- पानी,
बह चली प्रेम सरिता अजानी।
उनकी बाहों के गजरे पहनकर,
सारे जग की बनी राज रानी।
बिछ गये हर कदम पर गलीचे,
आज गुज़रे हैं वो इस गली से।

कान में अब मधुर मंत्र गूंजे,
अनगिनत नाचती ज्योति पुंजे।
आज शिव का परम प्रेम पाकर,
वासनाएं युगों की जलाकर।
बन गई है पुजारन खुशी से,
आज गुज़रे हैं वो इस गली से।

102. फाग

खेली उसने मुझ संग फाग,
जगाया मेरा सोया भाग।

सात रंग में घोलकर,
सात समंदर आज।
सप्त ऋषि के संग पहनकर,
इंद्र धनुष का ताज।
खेली उसने.................

सात सुरों में छेड़ दिया है,
सद् चित् आनंद राग।
सराबोर मैं हो गई,
डूब गई अनुराग।
खेली उसने...............

धन्य-धन्य बड़ भागिनी,
सतरंगी मिला समाज।
हो गई ऐसी बावरी,
बरसे आँखों से लाज।
खेली उसने..........

कज़रा ऐसा बह चला,
गदगद अंसुअन के संग।
पुलकित सारी देह लो,

रंग गई कान्हा के रंग।
खेली उसने................

जब से छाये श्याम घन,
छूते धरती आकाश।
चपला चमकी ज्ञान की,
दिखते बिल्कुल पास।
खेली उसने................

जब से तुम संग बाँध ली,
सतरंगी चूनर भाव की।
रोम-रोम को छू रहे,
कोई जगह नहीं अभाव की।
खेली उसने................

सहस्त्र जन्म सत भांवरी,
फिर भी न छूटे साथ।
रंगों की बारात में तुमने,
जो मेरा थामा हाथ।
खेली उसने.............

फागुन गुन की खान है,
पतझड़ है निर्वाण।
प्रभु संग प्रीत लगाय के,
कर लिया आत्म कल्याण।
खेली उसने................

103. कृष्णा होगा

बाहर जाने की तृष्णा क्यों?

भीतर से घोर वितृष्णा क्यों?

बाहर प्रकाश दिखता भारी,

भीतर तम की पहरेदारी।

यू अपने तम से डरता क्यों?

उस चकाचौंध पर मरता क्यों?

दिखते प्रकाश में रंग नये,

तम में नहीं हाथ को हाथ गहे।

पर यह प्रकाश दिखता क्यों है?

देखने वाले छिपता क्यों है?

यदि दृष्टि न हो तो दृश्य न हों,

क्या सत्य यही है सोचो तो।

सृष्टि के कारण क्या तुम हो,

क्या सृष्टि तुम्हारे कारण है?

इस प्रश्न से यू घबराना क्यों?

कुछ और कहो टरकाना क्यों?

लो सुनो मैं ख़ुद से डरता हूँ,

पर ख़ुदा की बातें करता हूँ।

बातों का क्या जुबान पर हैं,

बोलो चाहे जिस कान पर हैं।

फिर लोग भी श्रृद्धा देते हैं,

आँखों पर बिठला लेते हैं।
होता इतना सम्मान जो है,
कहलाता व्यक्ति महान तो है।
अच्छा तो महान कहलाने की,
यह ललक तुम्हें ललचाती है।
यह मृग मरीचिका है प्यारे,
यह कहीं नहीं पहुंचाती है।
फिर भी ऐसा है सत्य तो सुन,
उद्देश्य में तेरे दोष नहीं।
पर चलना है जिस धरती पर,
वह धरती तेरी ठोस नहीं।
मुड़कर लड़मार उसी तम को,
जो तुझे सदा से डरपाता है।
पा ले एक अमर प्रकाश यहीं,
दर-दर क्यों ठोकर खाता है।
पर ठहर ज़रा एक आशा का,
विश्वास का नन्हा दीप जला।
रखकर कृष्णा को साँसों पर,
तम को हरने का तीर चला।
भीतर बाहर उज्जवल होगा,
तन मन तेरा निर्मल होगा।
वितृष्णा तृष्णा कहीं नहीं,
कृष्णा-कृष्णा हर पल होगा।

104. साधना पूरी करो

जीवित रहूँ या न रहूँ,
एक कामना पूरी करो।
पग बढ़ चले जिस पंथ पर,
वह साधना पूरी करो।

हर साँस में प्रश्वास में,
तेरे नाम की कलि पिरोकर।
दिल की हर धड़कन में,
तेरे रूप को रख लूँ संजोकर।
बुद्धि बल का तोड़ दो भ्रम,
प्रेम पूरित मन करो।
पग बढ़ चले जिस पंथ पर,
वह साधना पूरी करो।

मुझको बना इन्सान प्यारा,
धर्म बंधन तोड़कर।
शांति सुख संतोष धन रख लूँ,
मैं इतना जोड़कर।
पड़ जाये जब जग में कमी,
मैं बाँट दू दिल खोलकर।

ख़ुद की जगत कल्याण की,
अराधना पूरी करो।
पग बढ़ चले.............

लोक हितकारी हों सारे कर्म,
ऐसा भाव भर दो।
पी सकें पीड़ा किसी की,

कंठ में वह प्यास भर दो।
निज स्वार्थ मुझसे छीन लो,
निस्वार्थ यह जीवन करो।
पग बढ़ चले जिस पंथ पर,
वह साधना पूरी करो।
मालूम है सुख दुख सभी बांटे गये,
कुछ सोचकर।
शूलों रहित फूलों को कब,
शैतान रख दें नोंचकर।
अनुराग और बैराग हों सम,
यह चाहना पूरी करो।
प्रेम सबसे कर सकूं,
यह प्रार्थना पूरी करो।
पग बढ़ चले...............

105. रोम रोम में राम

रोम रोम में राम हों,
श्वास श्वास में श्याम।
नैनन की पुतली बसें,
शिव भोले सुख धाम।
पाँव उठें सत्संग को,
हाथ उठें नित दान।
प्रणव मंत्र सुनते रहें,
निशि वासर यह कान।
जिभ्हा रहे सरस्वती,
कंठ बसें सब वेद।
हृदय मध्य माँ भगवती,
श्री बसें निज श्वेत।
कामधेनु सा मन बने,
और वेणु सा अंग।
पूर्ण चंद्र सा तेज हो,
उदित सूर्य सा रंग।
ऐसा प्रभु वर दीजिए,
जन्म न निष्फल जाये।
भलें देह माटी रहे,
पर तेरा भवन कहाये।

106. नये आयाम

नित नये आयाम छूकर

प्रीत का पैगाम पीकर

मैं मचलता जा रहा हूँ

यूँ महकता जा रहा हूँ

ज्यों कहीं मलयागिरी से

बह रही सुरभित पवन हो

उत्तंग हिमगिरि के नयन से

गदगद हृदय बहती लहर हो

कंटकों से ढक गये रस्ते नहीं

अब पाँव के नीचे मुलायम

बादलों के कर कमल हैं

गगन चुंबी झुरमुटों की

तम भरी गलियाँ नहीं

यह शैलजा की पलक पर

रवि की किरण है

मस्त होकर ओम की गुंजार धुन पर

नृत्य करती आत्मा आनंद भरकर

मैं असीमित में बिखरता जा रहा हूँ

हर एक सीमा से निकलता जा रहा हूँ
ज्यों किसी आकाशगंगा की
गति से संगति कर
काल की लय पर थिरकता जा रहा हूँ
नित नये आयाम छूकर
सत्य का एक जाम पीकर
मैं बहकता जा रहा हूँ
मैं चहकता जा रहा हूँ
मैं महकता जा रहा हूँ।

107. ज्ञान दो

मेरी आस्था को नये आयाम दो,
नई सुबह दो, रोज़ नई शाम दो।
मेरे तन को मनचाहा काम दो,
थोड़ा दुख दो, सुख दो, आराम दो।
नई धरती दो, नया आसमान दो,
फिर जीने का नया सामान दो।
सिर सीधा रखने की शान दो,
थोड़ा वैभव दो, छोटा सा मकान दो।
मुझे शक्ति के स्त्रोत का इशारा दो,
आनंद से जीने को सहारा दो।
किसी सृष्टि का स्वपन दुबारा दो,
थोड़ी भक्ति दो, शक्ति दो, ज्ञान दो।
मेरे अंतर के भावों पर ध्यान दो,
मेरी चेतना को नई पहचान दो।
काम करने को कोई महान दो,
नये वेद दो, बाईबल या कुरआन दो।
मुझे विध्वंसकारी न कोई विज्ञान दो,
कल के होठों पे कोमल मुस्कान दो।

बेसुध सीनों में नये जीवन प्राण दो,
थोड़ा प्रेम दो हृदय भी दयावान दो।
बिना नफरत का छोटा एक आवाम दो,
मुझे बंधु सखा सारे प्रज्ञावान दो।
अपना भक्त कहलाने का सम्मान दो,
थोड़ी करूण ममता चरणों में स्थान दो।

108. स्वागत गीत

स्वागत करते हम सब मिलकर,
इस मंडप में आपका।
मंगलमय हों कदम आपके,
अवसर है सौभाग्य का।
स्वागत करते आपका.............

वैसे तो इंसानी गलती,
हम भी करते कभी- कभी।
लेकिन दिल में अतिथि देव भव,
भाव रखें हैं यहाँ सभी।
इसी नेह के बंधन में,
हो जाये बंधन आपका।
स्वागत करते आपका..........

कितने रंग- बिरंगे दिखते,
फूल हमारे बाग के।
देखो हम हैं सच्चे मोती,
प्रेम प्रीत अनुराग के।
इन्हीं सुभाषित पुष्पों से,
करते अभिनंदन आपका।
स्वागत करते आपका..........

स्वागत करते हम सब मिलकर,
इस मंडप में आपका।
मंगलमय हों कदम आपके,
अवसर है सौभाग्य का।
स्वागत करते आपका.................

109. मेरे वश की बात नहीं है

शमशानी वैराग्य हमारी जात नहीं है,
तृप्ति भोगना मेरे बस की बात नहीं है।
जिस वैभव परिवार महल दे दिया तो क्या?
चित्त हमारा फिर भी इनके साथ नहीं है।
शमशानी वैराग्य हमारी....................

है अनंत की प्यास जन्म जन्मांतर से,
मिट न सकेगी छोटे- मोटे मंतर से।
जिज्ञासा जागी है तुमको जानूँ मैं,
इसे सुलाना मेरे बस की बात नहीं है।
शमशानी वैराग्य हमारी....................

धर्माधर्म और पाप पुण्य की क्या सत्ता,
हिल न सके जब तेरी मर्ज़ी बिन पत्ता।
मन मेरा पारे सा चढ़ता गिरता है,
इसे साधना मेरे बस की बात नहीं है।
शमशानी वैराग्य हमारी...............

कभी लगे आकाश का कण- कण मेरा है,
मुझसे सूरज, चंदा, नया सवेरा है।
अहंकार मेरा तो बढ़ता जाता है,
इसे हराना मेरे वश की बात नहीं।
शमशानी वैराग्य हमारी...............

अभिमान ज्ञान सम्मान की कैसी भाषा है,
सूक्ष्म और स्थूल की क्या परिभाषा है।
चंचलता को भी सिद्धि की आशा है,
इसे छुपाना मेरे वश की बात नहीं।
शमशानी वैराग्य हमारी.............

फूलों की रंगत, खुशबू यह सब किस से है?
यह धरती, पाताल, पवन सब किस से हैं?
प्रश्न चिन्ह जो हरदम सम्मुख रहता है,
इसे भुलाना मेरे वश की बात नहीं है।
शमशानी वैराग्य हमारी.................

जाने क्यों हर एक निमिश यूँ लगता है,
रोम रोम दुख दाहकता में जलता है।
आँखों में सच पा जाने का सपना है,
इसे तोड़ना मेरे वश की बात नहीं है।
शमशानी वैराग्य हमारी...................

सुनते तो हैं आकर्षण ही वह शक्ति है,
जिससे सृष्टि नियमबद्ध हो चलती है।
मान लिया मुझमें कुछ आकर्षण कम है,
क्या मुझे लुभाना तेरे वश की बात नहीं है?
शमशानी वैराग्य हमारी...............

110. एक पल काफी है

प्रेम प्रकट हो जाने को बस एक पल काफी है,
सत्य निकट आ जाने को बस एक पल काफी है।

सड़क किनारे वृक्ष अनेकों शोभा पाते हैं,
लेकिन मंज़िल के दीवाने चलते जाते हैं।
आशा के आकाश तले पग धरना काफी है,
प्रेम प्रकट हो जाने को बस एक पल काफी है।

अभिलाषा और इच्छा में कुछ अंतर होता है,
दृढ़ इच्छा विश्वास सफलतम् मंतर होता है।
कुछ अनबोली बात समझ में आना काफी है,
प्रेम प्रकट हो जाने को बस एक पल काफी है।

करता है विश्वास हृदय तब अपने साथी पर,
मिलता है आनंद अनोखा उसे समर्पण पर।
पवन सुगंधित करने को बस खिलना काफी है,
प्रेम प्रकट हो जाने को बस एक पल काफी है।

भूत भविष्य की कड़ी जोड़ने यह क्षण आता है,
जो न जिये सम्पूर्ण आज वह जीवन जाता है।
ख़ुद से हो पहचान यहीं मुड़ जाना काफी है,
प्रेम प्रकट हो जाने को बस एक पल काफी है।

27.08.2004

111. अहम

प्रियतम मैंने रखा है,
आँचल में अहं सम्हालकर।
नहीं समर्पित कर पाई।
मैं ख़ुद से इसे निकालकर।

नित्य हृदय में सक्रिय रहा जो,
सुप्त नाग सा अक्रिय रहा जो।
विश्वासों में छलित रहा जो,
प्रेम में फिर भी पलित रहा जो।
सारे कष्टों से भी मैं,
ले आई इसे निकालकर।

अथक परिश्रम साँसों में भर,
भटकी कहाँ कहाँ जीवन भर।
फिर सुहाग अनुराग में रंगकर,
ममता का आलौकिक रस भर।
तेरे चरणों तक मैं ले,
आई हूँ इसे निकालकर।

अब तो शक्ति सिमट रही है,
मूर्छा तन से लिपट रही है।
सुधि चंदन से महक रही है,
और चेतना चहक रही है।
आज समर्पण हो जाये,
अब कोई जतन तत्काल कर।

तमप्रिय तमप्रिय श्याम अहं प्रिय,
धवल ज्योति आलौकिक स्वयं प्रिय।
कहाँ समय है अभिनंदन का,
हो जा एकाकार प्रिय।
कहीं देर न हो जाये,
तू अपना भक्त बहाल कर।

अभिनव क्षण से गुजर रही हूँ,
अविरल तुमको सुमर रही हूँ।
अद्भुत आनंद में उतर रही हूँ,
पर्त पर्त अब सुधर रही हूँ।
उपकृत कर डालो मनव तन,
जीवन से अहम निकालकर।

02.07.2000

112. आपके ब्रह्माण्ड में

गूंजती ही जा रही,
लय की लहर ब्रह्माण्ड में।
हर किनारे पर क्षितिज है,
आपके ब्रह्माण्ड में।

युग युगों से चाँद तारे,
फिर रहा हूँ नापता।
लौटकर आती नहीं मुझ तक,
मेरी कोई सदा।
चल पड़ा आलोक छूने,
आपके ब्रह्माण्ड में।

बंद कर ली आँख तो,
भ्रम का अँधेरा हट गया।
झाँककर देखा स्वयं को,
तम का सीना फट गया।
जो यहाँ वह सब कहीं है,
आपके ब्रह्माण्ड में।

पी रही आनंद लेकिन,
सोचकर कुछ रूक गई।
बाँट क्यों न लू बराबर,
बिंदु पर मैं झुक गई।
तेरा भी तो हक है मुझ पर।
आपके ब्रह्माण्ड में।

लो लौटकर मैं आ रहा,
जलते हुये संसार में।
शर्त इतनी है मेरी
तू भी जले मेरे प्यार में।
प्रेम में हम दो नहीं हैं
आपके ब्रह्माण्ड में।

10.01.2000

113. प्यार हुआ

मुझे पुकारा है प्रियतम ने,
ऐसा पहली बार हुआ।
रोम-रोम रस सरिता उमगी,
जब से मुझको प्यार हुआ।
डरते-डरते, चुपके-चुपके,
मैंने उसका हाथ छुआ।
अब गुंठन में बंद नयन भर,
साँसों का संवाद हुआ।
लोग कहें पति को परमेश्वर,
पर ईश्वर ही मेरा पति है।
सारा जग सौतन लगता है,
जब कहते हैं वो जग पति हैं।
जिसके चरणों को सहलाकर,
पाते संत सदगति हैं।
उसमें अविरल थिर हो जाये,
निर्मल मेरी मूढ़ कति है।
मेरा सब श्रृंगार वही बन गया,
ये पहली बार हुआ।
रोम-रोम रस सरिता उमगी,
जब से मुझको प्यार हुआ।

114. परिचय

किसका परिचय मौन कर गया,
जादू मुझ पर कौन कर गया।
एक प्रभा साकार रूप ले,
उतरी मन की धरती पर।
मुधर हास से ब्रहम ज्ञान का,
बीज रोप गई धड़कन पर।
उससे मिलकर टूट गया,
जो अहंकर था बुद्धि पर।
फूटी कोपल, एक नई आशा,
लहराई इस देहरी पर।
अंगड़ाई ले दीप जल उठा,
नेह पड़ा जब बाती पर।
मध्यम-मध्यम हुआ उजाला,
अज्ञानी तम के घर पर।
मलयागिरि से पवन पूछने,
आई मस्ती का उत्तर।
अब कैसे बतलाऊँ किसको,
जादू मुझ पर कौन कर गया।
किसका परिचय मौन..............

115. चित्

देखा है अंतस् के तल को
अचरज भरा कबाड़ है।
जैसे गहरे सागर जल में
डूबा हुआ पहाड़ है।

चित् चतुर चालाक कभी तो
मदगत जैसा सांड है
जीवन में मृत्यु के भय से
बन बैठा पाषाण है

सार्थक जीवन हुआ अनर्गल
व्यक्तियों से तार तार जब
गिरे अंजुरी भर भर आँसू
आज रोये है ज़ार-ज़ार हम

मर्म धर्म का ग्रहण करें क्या
शुद्ध बुद्ध अब कहाँ मिलेंगे
देह मेरी विचलित है रोगी
चरक सुश्रुत अब कहाँ मिलेंगे

प्रयत्न कोई भी काम ना आया
नर तन में जो शान्ति रिक्त है
नई व्यथायें वेदनाओं के
संग मुझ पर अब भी आसक्त हैं

एक अनमोल ख़ज़ाना पाया
साँसों की अगणित गिनती में
एक अदद ब्रह्माण्ड समाया
मन की छोटी सी गठरी में

धरती अम्बर चाँद सितारों
की बातें करना आसान है
स्वयं सौंप दे ख़ुद से ख़ुद को
बंदा वही महान है

एक प्रार्थना है ख़ुद से बस
भाव बना निर्लिप्ती का
देखो बस वह पल आने ही
वाला है तेरी पूर्ण विलुप्ति का

परम मुक्ति से युक्त इसी क्षण
हो जा बन जा योगी रे
करूणा की गंगा बहती कल कल
छोड़ दे उसमें डोंगी रे

24.09.2015

116. एक लौ जल गई

हरा भरा संसार छोड़कर
रोता सब परिवार छोड़कर
क्यों अदृश्य हो जाना पड़ता
सोच सोच दुख दूना बढ़ता

ज्ञान ध्यान सब रहा अधूरा
एक सपना भी हुआ न पूरा
उन्हीं पुरानी मान्यताओं में
अभिमन्यु की तरह घिरा मैं
सत्य भेदने की इच्छा में
परवश व्यूह के बीच फँसा हूँ

आती जाती इन साँसों का
जीवन तार कहाँ खो जाये
एकदम कब चित्र चतुरता
विगलित खंड खंड हो जाये

विस्मित हूँ अद्भुत अनुभव से
गहन शांति के गहर विवर से
निःसंदेह अब मार्ग खुल गया
यहाँ मंत्र प्राणों में घुल गया

अपराजेय अहं निर्बल है
ज्ञान भक्ति कर्मों में विलय है
घोर क्षति होने से बच गई
अंधकार में एक लौ जल गई।

08.10.2015

117. कविता अधूरी

जो शब्द जग से सीखे
अब मौन हो चले हैं
अपने चुने भवन में
हम कौन? हो चले हैं।

झींगुर की झनझनाहट
खींचे है ध्यान मेरा
कैसे ये शब्द बिन ही
करता है गान तेरा।

बहती रूकी पवन के
कण कण में तुम समाये
ऐसे तो बस तुम ही हो
बरबस ही मुझको भाये।

दीवार के इधर भी
दीवार-ओ-दर के बाहर
झिलमिल में जुगनुओं की
तुम हो रहे उजागर।

आकाश तक उड़े भी
फिर लौट मुझमें आये
ऐसे तो बस तुम्ही हो
हर साँस में समाये।

देखूँ तेरा तमाशा ख़ुद
कि ख़ुदी भुला कर
आता बड़ा मज़ा है
तुझको हँसा रूला कर।

क्यों आज जितना पहले
मेरे करीब न थे
हाँ रूप के बिना तुम
मुझको अज़ीज़ न थे

शब्दों को कहना सुनना
लगता नहीं जरूरी
जब माँग के बिना ही
हर माँग होती पूरी।

दिल का दिया जलाकर
कर ही लिये उजाले
निर्द्वंद चल पड़े हैं
तेरी राह चलने वाले।

हो सावधान दुनिया का
जाल बुनने वाले
मानव ने तेरी माया के
तार पलट (कुतर) डाले।

बेतार ही सही अब
तेरा सामना तो होगा
चाहत है ऐसी मेरी
मुझे चाहना ही होगा।

कब मौन या मुखर में
करते हैं भेद ज्ञानी
मुनियों की मंत्र गाथा
अब हो चली पुरानी।

बिन शब्द का कहना सुनना
तूने जिसे सिखाया
उसको तेरे मिलन से
कब? कौन रोक पाया।

आलोक का समंदर
फैला हृदय के अंदर
सब दीखता सहज ही
तू है बड़ा धुरन्दर।

इतना बड़ा जहाँ था
छुपकर यहाँ पड़ा था
थककर न आज गिरता
मिलना तुझे कहाँ था।

अब रास्ते विरह के
सब बन्द हो गये है
मकरन्ध भीगे गीतों
के छन्द हो गये है।

कविता है यह अधूरी
कब किससे होगी पूरी
शब्दों का कहना सुनना
लगता नहीं जरूरी।

17.08.2000